Edition Akzente
Herausgegeben von
Michael Krüger

Paul Virilio
Rasender Stillstand

Essay

Aus dem Französischen von
Bernd Wilczek

Carl Hanser Verlag

Titel der Originalausgabe:
L'inertie polaire

ISBN 3-446-16248-8

Umschlag: Nach einem Entwurf von Klaus Detjen
unter Verwendung einer Fotografie von Sophie Virilio
Satz: LibroSatz Kriftel
Druck und Bindung: Pustet Regensburg
Printed in Germany

Für Sophie

Inhalt

I
Das indirekte Licht

Das Licht nennt sich Schatten
des lebendigen Lichts
Bernard von Clairvaux

Ich erinnere mich noch an mein Erstaunen vor zehn Jahren, als die Sichtspiegel auf den Bahnsteigen der Metro durch Video-Bildschirme ersetzt wurden ...

An einigen Eingängen der Grandes Ecoles [1] und der Universitäten tauchten kurz nach 1968 Überwachungskameras auf; die Überwachung der Boulevards und der Straßenkreuzungen in der Hauptstadt wurde ebenfalls mit Hilfe dieser neuen Geräte sichergestellt. [2] Jetzt gerate ich wieder in Staunen, wenn ich sehe, daß oberhalb der Tastatur für den Code der automatischen Öffnungsmechanismen an den Wohnhäusern das Objektiv einer Mikrokamera auftaucht; es reicht offensichtlich nicht mehr aus, die Conciergen durch eine Gegensprechanlage zu ersetzen ...

Als elektro-optisches Substitutionsgerät scheint mir die wesentliche Funktion der *Videoskopie* in der Beleuchtung zu bestehen. Indirekte Beleuchtung einer häuslichen Umwelt, der das elektrische Licht allein nicht mehr genügt, das ein dem Tageslicht analoges direktes Licht ist. Außerdem führt die immer schneller voranschreitende Miniaturisierung solcher Anlagen dazu, die Videokamera und ihren Kontrollschirm einer *Kontrollampe* anzugleichen, die sich einschaltet und beleuchtet, um das sichtbar zu machen, was sich hier und da befindet.

Bis hin zur 35-mm-Filmkamera, deren alter Sucher, die optische Augenmuschel, nunmehr vorteilhaft durch einen

Monitor ersetzt wurde, der die aufgenommenen Bilder anzeigt.

Wie sollte man hierin nicht das wesentliche Merkmal der Videotechnik erkennen: ist es nicht so, daß es nicht mehr in der mehr oder weniger aktualisierten »Darstellung« einer Begebenheit besteht, sondern in *der direkten Präsentation eines Ortes*, einer elektro-optischen Umgebung, das sichtbare Ergebnis einer *Übersetzung des Realen in Wellen*, die durch die elektromagnetische Physik möglich gemacht wurde?

Es ist also nur logisch, daß man hier keinen Darstellungsraum vorfindet, keinen »Vorführraum«, sondern nur *einen Regieraum*.

Die Videographie, die der Ort für das Bild eines Ortes ist, benötigt letztlich keinen anderen »Raum« als den eines Stativs, einer Kamera und eines Monitors, die ihrerseits bereits integriert sind, in anderen Geräten, anderen Ausrüstungen sozusagen aufgelöst, ohne jede Beziehung mit der »künstlerischen« Fernseh- oder Kinovorführung.

Um die beleuchteten Skalen und Lampen eines Armaturenbretts oder die Beleuchtung einer Auslage kümmert man sich nicht mehr, als man sich wirklich um den »Ausstrahlungsort« des Videos kümmert. Dieser Ort ist einzig das, was beleuchtet ist, *ins Licht gesetzt*, er ist jedoch nicht mehr das »Theater« oder der Ort einer Kinovorführung, die aus der Ferne vorgenommen wird.

Der Unterschied zwischen der Videoskopie, der Kinematographie und dem Fernsehen ist so gewaltig, daß das Fernsehgerät sogar durch die Integration der Monitore in die einfachsten Hausgeräte, wie etwa diese »elektro-optische Haustüranlage«, die sichtbar macht, so wie die Gegensprechanlage lediglich hörbar machte, überholt ist.

Die ganze Diskussion über die kurz zurückliegende Krise der Kinos, über die Verkleinerung der Filmsäle, wird sich demnächst zweifellos für den Bereich des Privathaushalts wiederholen, dieses »Wohnzimmers«, in dem oft noch das Fernsehgerät seinen Standort hat; die Zukunft des Bildschirms besteht gleichzeitig sowohl in seiner Emanzipation, seiner plötzlichen Erweiterung zu einem Riesenbildschirm, der so konzipiert ist, daß er selbst bei Tageslicht betrachtet werden kann (das Jumbotron etwa, die Anzeigetafel in den großen Sportstadien), als auch in seiner Retention, seiner Zerstreuung in alltägliche Dinge, die ohne jede Beziehung zu Kino- und Theatervorstellungen oder zur im Fernsehen gesendeten Nachricht bleiben.

Wer macht sich noch Gedanken über die Kabel an elektrischen Hausgeräten? Wer wird sich in Zukunft Gedanken machen über die optischen Fasern, die in Geräte, in Gegenstände des alltäglichen Gebrauchs integriert sind?

Neben der *Ausstrahlung* von aktuellen Begebenheiten, politischen Fakten oder kulturellen Ereignissen »klärt« uns die Videotechnik tatsächlich über Phänomene reiner *Übertragung* auf, über die direkte Übertragung aus mehr oder weniger großer Nähe, die ihrerseits zu einem neuen Typus von »Ort«, von tele-topographischer Örtlichkeit wird . . .; spricht man nicht vom lokalen Fernsehen? Ebenso wie die Erfindung der elektrischen Lampe durch Edison das Aufkommen tagegleicher Orte in nächtlicher Umgebung bewirkte, bestimmt die Neuerung der elektro-optischen Lampe das Zutagetreten wahrnehmbarer Orte in allgemein nicht wahrnehmbaren Umgebungen. Ort des Nicht-Ortes der augenblicklichen Übertragung (in mehr oder weniger großer Entfernung), Kommutation der wahrnehmbaren Erscheinungen, der paroptischen Wahrnehmung ähnlich, ohne jede Beziehung zur gewohnten Kommunikation der Massenmedien.[3]

So gibt es neben den wohlbekannten Konsequenzen der »Teleskopie« und der »Mikroskopie«, die seit dem 17. Jahrhundert die Wahrnehmung der Welt grundlegend verändert haben, die aus der »Videoskopie« resultierenden Konsequenzen, deren Auswirkungen auf den Bereich des Sehvermögens nicht auf sich warten lassen werden, denn die Videotechnik nimmt aktiv Anteil an der Konstituierung einer unmittelbaren und interaktiven Örtlichkeit, einer neuen »Raumzeit«, die nichts mit der Topographie, dem Raum der geographischen oder einfach nur geometrischen Entfernungen gemeinsam hat.

Wenn das Problem der Inszenierung der Theater- und Kinovorstellungen zur räumlichen und zeitlichen Organisation eines dramatischen Aktes oder einer filmischen Erzählung in einem Saal, in einem für öffentliche Vorführungen bestimmten Raum, führt und wenn auf niedrigerer Ebene das im Fernsehen Ausgestrahlte seinerseits eine Szene sowie einen Ort privater Ausstrahlung (die Zimmer einer Wohnung) impliziert, so ist es mit der Videoübertragung nicht mehr das gleiche; ihre »Kinemato-Videographie« besteht einzig darin, mehr oder weniger voneinander entfernte, unverbundene *äußere Erscheinungen zu kommutieren* sowie gleichfalls in mehr oder weniger großem Abstand voneinander befindliche, interaktive Akteure zu kommutieren. Die Kommutation der Aussendung und des Empfangs des Video-Signals auf dem Bildschirm des Terminals ist der Ausdruck der *Mutation-Kommutation der Entfernungen* (Topologie) *in Energien* (Tele-Topologie), das heißt in Lichtenergie, der Verbindung zwischen der relativistischen Kinematik und der wellenförmigen Optik.

Die gegenwärtige Krise der Kinos hat ihre Ursache also nicht in der Ausstrahlung von Filmen im Fernsehen, sondern sie verrät vielmehr eine Krise des Begriffs der Darstellung, die mit dem Aufschwung verbunden ist, den die »Direktübertragung« genommen hat. Eine Direktübertragung in *Realzeit* ist das Ergebnis der Entwicklung der Videoskopie, die nicht mehr nur beschränkt ist auf die

Wohnung, sondern die unterschiedslos in fast allen möglichen Bereichen zum Bestandteil der Geräte selbst, der verschiedensten Anlagen geworden ist, in die sie sich seit etwa zwanzig Jahren integriert hat – das auffallendste Beispiel ist das der Integration in aus optischen Fasern zusammengesetzten Materialien –, eine Krise der *aufgezeichneten* Übertragung, die über den Umweg der elektrooptischen Bildtechniken dazu führt, heute die Idee, oder genauer: die »Ideographie« einer tatsächlichen Darstellung der Orte, der verschiedenen Umgebungen durchzusetzen, eine »Darstellung«, die, diesmal auf der menschlichen Ebene, dem entsprechen würde, was zu ihrer Zeit die Darstellung der teleskopischen Optik auf der astronomischen Ebene oder die mikroskopische Darstellung auf der Ebene der innersten Materieeigenschaften waren.

Folglich wäre das Video nicht mehr die achte Kunst, als das Kino die siebente war. Die Krise des Kinos, der konkurrierenden Fernsehanstalten, aber auch die Krise dessen, was man die Video-Kunst nennt, resultiert aus diesem Irrtum sowie aus der Bedeutung, die seit den Anfängen der Photo-Kinematographie und der Radio-Television dem *Schauspiel der Ereignisse* oder seit den Anfängen der Jahrmarktsfeste der *Beleuchtung der Orte* der Ereignise zukommt. Trotz Edison, Marey, den Brüdern Lumière, Vertov und einigen anderen haben sich Jahrmärkte fast immer gegen die Illuminierung durchgesetzt, dennoch erneuert das plötzliche Erscheinen einer *aktiven Optik* die Großtaten der *passiven Optik* (des Glases und der verschiedenen transparenten Materialien der Linsen) im Bereich der Struktur der wahrnehmbaren Realität. Durch das Auftauchen einer das Wesen des Objekts sowie des Subjekts der traditionellen Darstellung grundlegend verändernden *anwesenden Telerealität* folgt nunmehr *das Bild der Örtlichkeit auf die Örtlichkeit der Bilder*: Von den Theater- oder Kinosälen entgeht lediglich das Theater dank der Einheit von Ort und Zeit noch den Veränderungen einer elektro-optischen Beleuchtung, deren Unmittelbarkeit immer die »Einheit des Ortes« allein zugunsten der »Einheit der Zeit« ausschließt, einer *Realzeit* jedoch, die sehr stark auf die realen Dinge einwirkt.

Tatsächlich gibt es neben den Wirkungen der *Radio-Aktivität* der Radiosendung und des Radioempfangs mit seiner »elektro-akustischen high fidelity« etwas, das man von jetzt an die *Opto-Aktivität* der videoskopischen Kommutation nennen könnte, verbunden mit den Problemen der »hohen elektro-optischen Auflösung«, die dies bedingt.

Wenn man heute in Toulouse und anderswo von der kurz bevorstehenden Einrichtung eines *Nahbereichs-Fernsehens*, eines *lokalen Fernsehens* spricht, dann ist man sich nicht dessen bewußt, daß man dieses Wort der Videoskopie entlehnt oder, wenn man es vorzieht, im Falle einer verkabelten Stadt, einer »Videographie« entlehnt, die es der Stadt ermöglicht, *sich zu sehen* und *sich sehen zu lassen*; anders ausgedrückt: sie selbst führt ihre eigene »Regie«, sie wird ihr eigener Film . . .

Hierin liegt die Bedeutung eines von der Stadt Rennes angekündigten Projekts: die Verwirklichung einer »öffentlichen elektronischen Beleuchtung«, um das politische und ökonomische Leben des Ballungsraums zu fördern, woraus sich die Notwendigkeit einer städtischen Tele-Anzeige ergibt, die des unvermeidlichen Tele-Shoppings von zu Hause aus, der Verwirklichung eines gigantischen kathodischen Schaufensters, das dazu in der Lage ist, die örtliche Presse zu verdrängen. Verhält es sich aber nicht schon so mit der speziellen Nähe der Gegenstände und Orte unserer alltäglichen Umwelt? Der Video-Schranke in der Metro, dem geschlossenen Stromkreis in den Unternehmen oder in solchen Geschäften, die das Gesicht derjenigen sehen lassen, die die Auslagen beobachten? Und das ist noch gar nichts verglichen mit der Verbreitung der »Steckdosen«-Kameras und der »Leuchtbirnen«-Monitore, die in Gebrauchsgegenstände integriert sind, wie es vor ihnen das Mikrophon und der Lautsprecher in den Radio-Wecker, das Tonband, die Walkmans oder die Digitalanzeigen der Quartzuhren, in die Kappe der Füllfederhalter, die Feuerzeuge oder viele andere Gegenstände waren. In der Ordnung der videoskopischen Visualisierung ist die Kommutation jedoch anderer Natur: Das Fernsehen »geographischer Nähe« und das Video »geometrischer Nähe« *blenden* sich in die klare Wahrnehmung des Hier und Jetzt *ein*, sie durchdringen und vertauschen wechselseitig die Orte *teletopologisch*, und dies dank der plötzlichen Enthüllung des »Direkten«, d. h. einer »Raum-Geschwindigkeit«, die augenblicklich die Raumzeit unserer üblichen Aktivitäten verdrängt. Indem sie sich auf diese Weise mit einer para-optischen Beleuchtung vermischt, tritt die Höchstgeschwindigkeit der Übertragung des Direkten als die indirekte Beleuchtung der Geschwindigkeit des Video-Signals hervor.

Sowohl die Miniaturisierung als auch der Gigantismus der Bildschirme sind also kein technisches Spielzeug aus Japan, wie man in Mitteleuropa häufig vorgibt. Was sich hier innerhalb der Physik des Bildes ereignet, ereignet sich ebenfalls im Bereich der Astrophysik mit der kurz bevorstehenden Inbetriebnahme des Weltraum-Teleskops »Edwin Hubble«, das mit einer *adaptiven Optik* ausgestattet ist, einer aktiven Optik, bei der das Ergebnis der Wiederherstellung des Bildes von der Leistungsfähigkeit des Computers und nicht mehr nur von den Eigenschaften des Glases der Linsen abhängt.

Der Maßstab des Bildschirms, des Bildes hat also nichts

mit der Sache zu tun. Die Dimensionierung der Gegenstände ist nicht mehr wesentlich: Was sich auf dem kathodischen Bildschirm zeigt, *das ist der Raum einer Entfernung, der sich unter unseren Augen in Lichtenergie, in Beleuchtungsstärke verwandelt.*

Das Intervall der Art »Licht (Null-Zeichen) der neuen Physik«[4] nimmt plötzlich die Stelle der gewöhnlichen Zeit- (Vorzeichen plus) und Raumintervalle (Vorzeichen minus) ein; jede Oberfläche, jede Fläche, von welcher Größe und welchem Umfang auch immer, besitzt objektive Existenz nur noch im Interface einer Wahrnehmung, die nicht mehr das sichtbare Ergebnis allein des direkten Lichts der Sonne oder der Elektrizität ist, sondern nunmehr das des indirekten Lichts des radio-elektrischen Feldes eines Hertzschen Netzes oder eines Kabels mit optischer Faser.

Was wir bezüglich der *maximalen Oberfläche* des Erdballs feststellen, der der Erforschung, der permanenten Kontrolle durch (militärische, meteorologische usw.) Beobachtungssatelliten unterworfen ist, gilt ebenfalls für die *minimalen Oberflächen* der Orte und Objekte, die der intensiven Beleuchtung der Videoskopie ausgesetzt sind. Es ensteht tatsächlich eine geheimnisvolle *Tele-Brücke* zwischen einer ständig wachsenden Zahl von Flächen: von den ausgedehntesten bis hin zu den winzigsten, ein Feedback des Bildes und des Tons, das für uns als die Wahrnehmenden eine *Tele-Präsenz*, eine (video-geographische oder videogeometrische) *Tele-Realität* in Gang bringt, deren wesentlicher Begriff die Realzeit ist.

Was uns Albert Einsteins »Standpunktslehre« im Jahre 1905 über die Relativität des Raums und der Dauer lehrte, die Existenz eines Visavis, eines Auge in Auge, das von den beobachteten Oberflächen und dem Beobachtenden nicht zu trennen ist (relativistisches Interface, ohne das der

Raum keinerlei objektive Dimension besitzt), wird vom plötzlichen Feedback des Videos *sichtbar* bestätigt: nunmehr setzt sich die elektro-optische Umwelt gegen die klassische »ökologische« Umwelt durch; auf diese Weise wird eine »elektronische Meteorologie« unbedingt notwendig, ohne die diejenige der Erdatmosphäre bald unverständlich werden würde. In dem Augenblick, in dem es den großen amerikanischen Fernsehanstalten, ABC, CBS, NBC (es soll angemerkt werden, daß es sich um einseitige Fernsehanstalten handelt) zunehmend schlechter geht, zieht CNN, der Direktnachrichten-Sender Ted Turners, in Erwägung, *News Hound* in Betrieb zu nehmen, wobei es sich an die eine Million abonnierter Fernsehzuschauer wendet, die eine Videoausrüstung zum Aufnehmen besitzen. »Das sind eine Million Chancen für uns«, äußerte kürzlich Earl Casey, der Verantwortliche für dieses zukünftige interaktive System, *»eine Million Zeugen, die uns Bilder werden liefern können,* aus denen wir nur noch eine Auswahl treffen müssen«.

Gleiches gilt, diesmal auf militärischer Ebene, für die höchst strategische Forschung auf dem Gebiet der *Unauffindbarkeit* von Kampfflugzeugen. In dem Augenblick, in dem eine komplexe elektromagnetische Umgebung zur Ortung eingerichtet ist, die die gesamte Erde umfaßt, sucht man eifrig nach Mitteln, den »elektromagnetischen Blicken« durch die Erfindung spezieller Materialien zu entkommen, wie etwa das Super-Polymer PBZ, das die Eigenschaft besitzen soll, der Ortung durch Radarstrahlen zu entgehen. Gleichzeitig aber schlägt man den Herstellern von aeronautischem Material vor, in eben diese Materialien optische Fasern einzulassen, die die Eigenschaft besitzen, ununterbrochen die Dichte der Zellen und die Motorenelemente der Kampfmaschinen auszumachen und über sie aufzuklären.

Wenn für den Philosophen Schopenhauer die Welt ihre Vorstellung von ihr war, so wird die Materie für den Cineasten, den Elektroniker ihre Darstellung: eine externe, direkte »Darstellung« und gleichzeitig eine interne und indirekte Darstellung, wobei der Gegenstand, das Instrument dem bloßen Auge nicht nur präsent, sondern *telepräsent* wird.

Ein anderes Beispiel für diese *physikalische Untrennbarkeit* des Äußeren vom Inneren, des Nahen vom Fernen wird uns gleichzeitig von der Transportindustrie und der Entwicklung der siderischen Werbung geliefert.

Die amerikanische Gesellschaft »Geostar« und bald auch ihre europäische Entsprechung »Locstar« werden in nächster Zukunft die erste Teilstufe des »Radio Determination Satellite Service« (RDSS) auf die vorgesehene Umlaufbahn bringen. Dank diesem Kontrollsystem kann von dem zentralen Sitz einer Transportfirma aus jederzeit die geographische Position jedes ihrer Fahrzeuge beobachtet werden, da ein geostationärer Navigationssatellit die Kontrolle der Fahrten gewährleistet. Nun versteht man auch besser, warum die Zeitschrift *Match* vor kurzem ihr Logo im (Bill Viola so wichtigen) Chott-El-Djerid eingeschrieben hat, denn die südtunesische Wüste ist plötzlich eine Beschriftungsoberfläche, ein Bildschirm geworden, wie es künftig die Gesamtheit der kontinentalen und maritimen Oberflächen wird, die den forschenden Blicken des Orbitalauges der Satelliten ausgesetzt sind.

Aber dieses fortwährende Visavis von unten und oben wäre nicht vollständig, wenn wir danach den Nadir, den Zenit und die Großtaten der Plakatierung in hoher Umlaufbahn, mit den Plänen der Firma Coca-Cola, am Firmament unserer Nächte ihr unauslöschliches Markenzeichen einzuschreiben, ausließen.[5]

Man stellt ein weiteres Mal den Niedergang der Theateraufführungs- und Filmvorführräume fest – wobei der Kinosaal, die Bühne oder der Bildschirm lediglich *der Himmel und der Erdboden* werden, die Gesamtheit der Oberflächen, von den winzigsten bis zu den weitesten, die von den inquisitorischen Blicken der automatischen Aufnahmegeräte und den Geräten zur augenblicklichen Übertragung belichtet, was sage ich!, überbelichtet werden . . . »Oberflächen«, oder genauer: »Interfaces«, die künftig nur noch dank der videoskopischen Überprüfung objektive Existenz besitzen, dank der Beobachtung der Aufnahmegeräte und der Direktübertragung, *anwesende Telerealität in »Realzeit«, die die Realität der Präsenz des realen Raums* der Gegenstände und der Orte *verdrängt*, da sich die elektromagnetischen Bahnen gegen sie durchsetzen.

Für Einstein unterschied lediglich die Dauer ihrer Gültigkeit eine richtige von einer falschen Theorie: einige Jahre, einige Jahrzehnte für die eine, einige Momente, einige Tage für die zweite . . . Ist es mit den Bildern nicht dasselbe? Mit dieser Frage nach der Gültigkeitsdauer des Bildes, dieses wesenhaften Unterschiedes zwischen dem Bild in »Realzeit« und in »aufgezeichneter Zeit«?

Letztlich beruht das gesamte Problem der »Telerealität« (oder, wenn man es vorzieht, der Telepräsenz) auf eben dieser Frage der Gültigkeit der kurzen Dauer, auf der des tatsächlichen Wertes des *Objekts* oder des *Subjekts*, die augenblicklich aus der Entfernung präsent sind, die ihrerseits ausschließlich von der *Bahn* abhängt, das heißt von der Geschwindigkeit ihres Bildes, der Geschwindigkeit des Lichts der heutigen Elektro-Optik. Was die »Teleaktion« betrifft, so gilt für sie dank der Möglichkeiten der unmittelbaren Interaktion der Telemetrie das gleiche, da die *Opto-Aktivität* des realzeitlichen Bildes den Wirkungen der

Radio-Aktivität der manipulatorischen Fernsteuerung von mehr oder weniger entfernten Gegenständen, ferngesteuerten Fahrzeugen, ferngesteuerten Maschinen, unterschiedlichen Geräten entspricht.[6]

Diese beginnende Durchsetzung der realen Bahn auf Kosten sowohl des realen Objekts als auch des realen Subjekts, die in bezug auf den Primat des Bildes über das Ding so aufschlußreich ist, ein Primat, der seinerseits wiederum ein Ergebnis des neuerlichen Vorrangs der Zeit gegenüber dem Raum ist, ist bezeichnend für das wellenartige Wesen der Realität. Schließlich ist die plötzliche *Kommutation der wahrnehmbaren Erscheinungen* lediglich das Vorzeichen einer allgemeinen Entwirklichung als Folge der neuen Beleuchtung der wahrnehmbaren Wirklichkeit. Einer nicht mehr nur wie früher »sichtbaren«, sondern einer »durchsichtigen«, oder noch genauer: *hindurch-sichtbaren* Wirklichkeit.

Fusion/Konfusion der übertragenen und der unmittelbaren Erscheinungen, indirektes Licht, das die Fähigkeit besitzt, das direkte Licht, das zwar künstliches Licht der Elektrizität ist, das aber zunächst und wesentlich natürliches Licht ist, bald zu verdrängen, und dies mit den hierdurch hervorgerufenen perzeptiven Umwälzungen . . . Das Aufkommen der augenblicklichen und allgegenwärtigen Bahn bedeutet folglich das Aufkommen des *Lichts der Zeit*, dieser intensiven Zeit der Elektro-Optik, die die traditionelle passive Optik endgültig verdrängt.

Es kann jedoch darauf gewettet werden, daß der Status der Realität dieser plötzlichen Illumination der Orte, der Tatsachen wie der Ereignisse nicht lange widerstehen wird. Wenn die Verbesserung der *räumlichen* Auflösung der optischen Linsen der Kameraobjektive in der Tat das Erkennen der Kontraste begünstigt und die Helligkeit des gewöhnlichen Bildes erhöht, dann vergrößert die neuerdings erfolgte Verbesserung der *zeitlichen* Auflösung der

Aufnahme- und elektronischen Übertragungsverfahren die Reinheit, die Auflösung der videoskopischen Bilder. Folglich dient die audiovisuelle Geschwindigkeit vor allem dem Sehen und dem Hören, anders gesagt, *dem Vorwärtskommen im Licht der Realzeit*, so wie die automobile Geschwindigkeit der Vehikel *dem Vorwärtskommen in der Ausdehnung des realen Raumes eines Territoriums* diente.

Zur erhöhten »Transparenz« der Hochgeschwindigkeits-Verkehrsmittel (TGV[7], Überschallflugzeug) gesellt sich also diese plötzliche (elektro-optische sowie akustische) Hindurch-Sichtbarkeit der Nachrichten- und Telekommunikationsmittel. High fidelity und hohe Auflösung des Bildes tragen erheblich zur Veränderung des Wesens der (akustischen und visuellen) Oberflächengestalt bei, dieser Oberflächengestalt, die letztlich lediglich die mehr oder weniger große Realität der wahrgenommenen Dinge ist, raumzeitliche Oberflächengestalt, die Bedingung für unser Erfassen sowohl der Welt als auch der gegenwärtigen Zeit ist. Tatsächlich wird jede Veränderung der Intensität der Lichtdichte vom Auge als eine Veränderung der Form aufgefaßt, das (direkte oder indirekte, natürliche oder künstliche) Licht erzeugt nicht ausschließlich die Farbe der Gegenstände und Orte, sondern ebenfalls ihre Oberflächengestalt. Hieraus erklärt sich die Bedeutung der Forschung im Bereich der hohen Auflösung des Bildes, gleichzeitig räumliche sowie zeitliche Auflösung eines Videosignals, das die Fähigkeit besitzt – diesmal für den visuellen Raum –, das zu erfüllen, was die High fidelity des Radiosignals bereits für die Stereophonie der Tonvolumen verwirklicht hatte: *eine wirkliche, in die häusliche Umwelt integrierte Stereo-Optik*.

Genauso wie die siderale Aufnahmetechnik unaufhörlich die Auflösung der Bilder der Satellitenerkundung verbessert, verbessert man unentwegt die Auflösung der

Fernsehbilder, dies nicht mehr deshalb, um die *elektrische Transparenz* der *lokalen* Umwelt zu vergrößern, wie es zu Anfang des Jahrhunderts mit der allgemeinen Elektrifizierung der Städte und des Landes der Fall war, sondern um die *elektro-optische Hindurch-Sichtbarkeit* der *globalen* Umwelt zu vergrößern. Auftauchen einer neuen Art von »Oberflächengestalt«, von audiovisuellem Volumen, das bei der Gesamtheit der übertragenen Erscheinungen Anwendung findet; »Stereo-Videoskopie«, die auf der makroskopischen Ebene dem entspricht, was in der Vergangenheit der Aufschwung der Bildzerlegung mit der Kathodenstrahlröhre der Mikroskopie in der volumetrischen Enthüllung des unendlich Kleinen war. Um zu sehen, gibt man sich nunmehr nicht mehr damit zufrieden, die Finsternis, die umgebende Dunkelheit zu vertreiben, sondern durch die Kommutation der Erscheinungen zerstreut man dank dem unerbittlichen Scharfblick eines videoskopischen Geräts, das dem stärksten Gerät der Lichtprojektoren entspricht, gleichfalls das Hindernis des Raums, die Lichtundurchlässigkeit der zu weiten Entfernungen . . . Die Morgenröte des »Zwielichts« des elektro-optischen Lichts, einer öffentlichen, indirekten Beleuchtung, Ergebnis der Entwicklung der Übertragung des Realen wie des Bildlichen auf Wellen, künstliches Licht, das künftig das elektrische Licht vervollständigen wird, so wie dieses einst das Tageslicht ersetzte.

Am 26. Oktober 1987, um 13.32 Ortszeit, beförderte eine TITAN-34D von der Raketenbasis Vandenberg in Kalifornien aus einen KH 11-Satelliten in den Weltraum. *Auf eine polare Umlaufbahn gebracht, die es ermöglicht, den gesamten Planeten sichtbar zu machen*, kann dieser Satellit während seiner geographischen Abtastung jederzeit zoomen, sich um die eigene Achse drehen und in elektronische Impulse umgeformte Bilder übertragen. Die mittlere Lebensdauer dieses militärischen Beleuchtungskörpers beträgt sechsunddreißig Monate . . .

Tatsächlich kann man die Erfindung des Kinematographen ebensowenig von der der Lichtprojektoren trennen wie die Neuerung der Momentaufnahme. Arbeitet Thomas Edison, der Erfinder der Glühlampe im Jahre 1879, nicht einige Jahre später am Kinematographen? Was Louis Lumière betrifft, so leiht ihm die Marine im Jahre 1900 während der Weltausstellung ihren stärksten Schlacht-Scheinwerfer aus, um seine Filme in der berühmten Maschinengalerie auf großer Leinwand vorzuführen . . ., außerdem arbeitet der Pionier des Kinos noch kurz vor seinem Tod im Jahre 1948 an der Perfektionierung der für die Kriegsmarine notwendigen Scheinwerfer.

Heute wird die halbkugelförmige Vorführung der Breitbandfilme der Geode allein durch die Benutzung einer 15 Kilowatt starken Xenolampe ermöglicht, die ursprünglich entwickelt wurde, um die Raketenabschußbasen der NASA zu beleuchten.

Als der Präsident der Vereinigten Staaten im Jahre 1969 schließlich anläßlich der Rückkehr der Apollo XI-Astronauten von der Mondlandung anordnete, die Küstenstädte zu erleuchten, so wie man abends mit einfachen Leuchten die Meerespromenaden illuminiert, ehrte er nicht nur die Eroberer des Mondes, sondern den Aufschwung einer öffentlichen Beleuchtung, die fortan in der Lage sein wird, die Präsenz des Menschen bis an die äußerste Grenze der Atmosphäre zu offenbaren.

Ob es sich nun um die Beleuchtung der Theater, der Festlichkeiten in den Palästen im Zeitalter von Louis XIV. oder um die elektrische Beleuchtung der Städte am Ende des letzten Jahrhunderts handelt, die Geschichte der Theateraufführungen und der öffentlichen Darbietungen ist untrennbar verbunden mit der des Lichts, angefangen bei den Feuerwerken, der Laterna magica von Athanasius Kircher, dem Diorama von Daguerre (Bühnenausstatter an der Oper von Paris und am Theater »Ambigu Comique«) bis hin zu den jüngsten »Sound and Light Shows«; die Entstehung des Kinos selbst ist nicht zu trennen von der Entwicklung des künstlichen Lichts und der berühmten »Jupiterlampen«, die sowohl für Studioaufnahmen als auch für die Vorführung von filmischen Werken im Saal notwendig sind.

Der andere aufschlußreiche Aspekt dieser plötzlichen Ausweitung der Transparenz ist an polizeiliche Forderungen gebunden, da die Beleuchtung der Straßen eine Erhöhung der Sicherheit und folglich eine Verlängerung der Öffnungszeiten der Geschäfte, die Bereicherung der Stadt ermöglichte. Angefangen bei der berühmten Anordnung des Polizeileutnants La Reynie im Jahre 1667, die den Ursprung für den Ruf von *Paris als Stadt des Lichts* bildet, bis hin zur heutigen Entwicklung der Videoüberwachung, die sich über die Elektrifizierung der Städte und des Landes am Beginn des 20. Jahrhunderts vollzogen hat, ein der Verkabelung der Ballungsgebiete analoges Unternehmen, da die Video-Versorgung durch optische Fasern das Wesentliche des Vorgangs der allgemeinen Elektrifizierung des Landes wieder aufnimmt; allerdings mit einer Bedeutungsverschiebung das Wesen selbst dieses Lichtes betreffend, das nämlich nicht mehr nur »künstlich« ist, sondern auch »indirekt«, dem direkten Licht ebenso unähnlich wie das Licht der Kandelaber sich einst von dem der Sterne unterschied.

In diesem Zusammenhang soll noch auf die häufig vom Militär benutzte Kamera (oder das Fernglas) mit *Lichtverstärker* hingewiesen werden, die es ermöglichen, in der Nacht noch in beträchtlicher Entfernung zu sehen. Das häufig die Infrarotsysteme ersetzende »Fernsehen mit niedrigem Lichtniveau« besitzt in gewisser Weise Ähnlichkeit mit einem Teilchenbeschleuniger, und so gering das vorhandene Licht auch sein mag, so verstärkt dieses System es doch tatsächlich bis zu einhunderttausendmal ... Aus einer in einem starken und stetigen elektrischen Feld angebrachten Röhre gebildet, besteht das Aufnahmegerät aus mehreren Lagern zur sukzessiven Beschleunigung der Photonen, die die Helligkeit des Endbildes so stark vergrößern, weil die Teilchen beschleunigten Lichtes am anderen Ende der Röhre auf einen Bildschirm treffen, der aus einem Phosphor-Filmband besteht, dessen sämtliche Zellen leuchten. Seit kurzem wird diese Art des indirekten Beleuchtungsgerätes häufig von der deutschen und britischen Polizei für die Überwachung von Sportstadien genutzt.

Tatsächlich ist da, wo die *Realzeit* der Fernübertragung der Fernsehdirektübertragung den Vorrang hat gegenüber dem realen Raum eines Landes, gegenüber einer tatsächlich durchquerten Landschaft, kein Platz mehr für die einfache Unterscheidung zwischen künstlichem und natürlichem Licht, sondern ihr ist noch die wesenhafte Differenz zwischen (natürlichem oder künstlichem) *direktem Licht* und *indirektem Licht* hinzuzufügen; die elektro-optische Beleuchtung ersetzt nunmehr die elektrische Beleuchtung, so wie diese selbst den Tagesanbruch erneuert hat.

Unterdessen steht die Entwicklung der Großtaten der aktiven Optik der Computergraphik kurz bevor: die Kopplung der passiven Optik der Aufnahmekameras mit einem Computer, der dazu in der Lage ist, das übertragene Bild wieder herzustellen, so wie es früher allein die Glaslinsen taten. Die *numerische Optik* löst nunmehr die *analoge* ab, wie diese ihrerseits geschickt die *okulare* Optik des menschlichen Blicks vervollständigt hatte.

Da das Bild die am weitesten entwickelte Form der Information ist, ist es in der Tat logisch vorauszusehen, daß die Fortschritte der Informatik ebenfalls zur erneuten Entfaltung dieses indirekten Lichtes führen werden: *numerisches*

Licht dieses Mal, das dazu in der Lage ist, die Dunkelheit des Realen zu durchdringen und mit den wirklichen Erscheinungen eine unbekannte Transparenz zu befördern, so wie es bereits durch die Verwendung der Fraktalgeometrie mit den Effekten des numerischen Zooms, die nichts anderes als eine *synthetische Beleuchtung* sind, ermöglicht wird. Die Bahnen und ihre HINDURCH-SICHTBARKEIT zeigen die innersten Bestandteile der Bild-Form an: *Form dessen, was keine Form besitzt, Bild dessen, was kein Bild besitzt* (Laotse), Figur einer Dynamik der Leere, die der subatomaren Physik ähnelt, zu der das fernöstliche Denken seit langem die Möglichkeit eröffnete.

Kommen wir aber zur Stadt zurück, zu dieser »Licht-Stadt«, dem Ausgangspunkt aller historischen Beleuchtungen, ausgehend vom Brand Roms, über die pyrotechnischen Feuerwerke des Jahrhunderts der Aufklärung, bis hin zu den jüngsten Laser-Shows. Da die Beleuchtung gleichbedeutend ist mit dem Enthüllen einer »Bühne«, einer Offenbarung der Transparenz, ohne die die Erscheinungen nichts wären, könnte allein eine beschränkte Konzeption das Licht noch auf die einfache Beleuchtung der Orte einschränken. Wie sollte man denn nicht erahnen, daß hinter diesen glänzenden elektro-optischen Manifestationen das öffentliche Bild auf dem besten Wege dazu ist, den öffentlichen Raum zu ersetzen, und daß die politische Bühne in Zukunft genausowenig ohne die indirekte Beleuchtung auskommen wird, wie sie in der Vergangenheit nicht ohne die direkte Beleuchtung des künstlichen Lichts auskam? Stadt-Theater der Anfänge, veranstaltet im Zusammenhang mit der öffentlichen Vorstellung der Agora, des Forums oder des Atriums, Cinecittà der westlichen Moderne und schließlich zeitgenössische Telecittà dieser *Kommutation der wahrnehmbaren Erscheinungen*, die heutzutage dank der Leistungen der Satelliten, der Hertzschen Netze und der Kabel aus optischen Fasern eingerichtet wird ... jede dieser »städtischen Aufführungen« wußte zu ihrer Zeit das Schauspiel der Transparenz, die öffentliche Beleuchtung zu nutzen, um ihre Kultur, ihre kollektive Imago zu entwickeln.

Eine Ausnahmesituation wird diese Thematik veranschaulichen: In den Monaten Mai bis Juni des Frühjahrs 1989 beschließen die Pekinger Studenten, für die »Demokratie« zu demonstrieren. Um dies zu tun, versammeln sie sich, strömen nach und nach auf den Tienanmen-Platz, den Platz des Himmlichen Friedens, und beschließen seine unbegrenzte Besetzung ..., eine alte Praxis, die nicht, wie man sagte, auf die Sit-ins der sechziger Jahre zurückgeht, sondern auf die griechische Stadt, in der der öffentliche Raum der Agora der Garant für die politische Einheit, der Garant des Bürgerrechts der versammelten Bürger gegen die Bedrohung durch einen Tyrannen war.

Bei der Ankunft von Gorbatschow am 14. Mai sind es 300 000, fünf Tage später eine Million. Die Tatsache nutzend, daß die meisten der internationalen Agenturen ihre Kameras und ihre Reporter – sogar ihre größten Leitartikler, wie Dan Rather – nach China entsandt haben, um ausführlich über die Versöhnung der beiden Giganten des Kommunismus zu berichten, fordern die chinesischen Studenten eine Direktübertragung der Ereignisse auf dem Tienanmen-Platz, damit das Bild des berühmtesten öffentlichen Platzes im Land nicht nur, wie es dank der ausländischen Fernsehstationen der Fall ist, in die ganze Welt ausgestrahlt wird, sondern vor allem in *Shanghai, in Kanton und in ganz China*.

Diese Forderung wird von den Regierenden zurückgewiesen, und schließlich wird das Kriegsrecht verhängt; ein

Kriegsrecht, das zur Niedermetzelung der Bevölkerung Pekings durch die Panzer der chinesischen Volksarmee führt. Was sich bereits während des Prager Frühlings in der Tschechoslowakei, in Polen mit dem Inkrafttreten des »inneren Kriegszustandes« ereignete, ereignet sich in Asien erneut: die Volksarmee unterwirft das Volk.

Kommen wir aber zur *Beleuchtung* dieser Ereignisse durch die Agenturen der gesamten Welt zurück: Im Bewußtsein der großen politischen Bedeutung der Anwesenheit von eintausendfünfhundert Journalisten in Peking haben die Studenten nicht aufgehört, Zeichen des Einvernehmens mit ihren weit entfernten, sehr weit entfernten »Fernsehzuschauern« zu demonstrieren, indem sie ihre Transparente mal in Französisch, mal in Englisch verfaßten und die exotischen Symbole, wie etwa die unter dem Porträt Mao Tse-tungs errichtete »Statue der Freiheit« oder die fortwährenden Bezugnahmen auf die Französische Revolution, verstärkten ... Früher entsprach die Oberfläche der Agora oder des Exerzierplatzes einer Garnisonsstadt der »Oberfläche« der Männer unter Waffen: Bürger-Soldaten der antiken Demokratie oder zusammengezogenen Truppen der befestigten Städte. »Getrennt marschieren, vereint kämpfen«, dieser Grundsatz der Infanterie entsprach gleichfalls der Versammlung der Bürger auf dem öffentlichen Platz, wobei die angrenzenden Straßen es ihnen ermöglichten, schnell diesen Ort zu erreichen, an dem die öffentliche Gewalt völlig mit der gegen die Gefahr – die einer äußeren Aggression oder eines Bürgerkrieges – geeinte Menge übereinstimmte.

Merkwürdigerweise nehmen wir mit dem in die ganze Welt übertragenen öffentlichen Bild vom Tienanmen-Platz dank dem realzeitlichen Interface des Fernsehbildschirms gleichzeitig an einer unendlichen Ausweitung dieser Oberfläche sowie an einer Miniaturisierung teil, denn der kathodische Bildschirm von 51 cm Durchmesser läßt es nicht zu, die Tiefe des übertragenen Feldes der Ereignisse ernsthaft ins Auge zu fassen. Hieraus erklärt sich die Bedeutung dessen, was damals in Hongkong während der für die Zukunft dieser Stadt so entscheidenden Periode passierte: die Benutzung nicht mehr nur von privaten Fernsehgeräten, sondern besonders die *des Riesenbildschirms im städtischen Stadion*, um sich anläßlich dessen, was sich im Zentrum der chinesischen Hauptstadt ereignet, kollektiv zu vereinigen.

Genau das ist die TELETOPIE [8], die realzeitliche Kontinuität, die die Abwesenheit der Kontiguität des realen Raums ersetzt, wobei das Stadion und der Riesenbildschirm für eine bestimmte Zeit untrennbar mit dem Tienanmen-Platz verbunden sind, so wie dieser es schon mit den Millionen privater Fernsehzuschauer auf der gesamten Welt war. Das, was sich unabhängig von den Verboten der Verbotenen Stadt an den entgegengesetzten Punkten der Erde befindet und dank der Leistungen einer neuen urbanen Beleuchtung, die durch die gleichzeitig elekro-optische und akustische Energie eines Lichtes ermöglicht wurde, sichtbar, zugänglich gemacht wird, ein *lebendiges Licht*, dessen Auswirkungen auf die Gesellschaft ungleich bedeutsamer sein werden, als es die Elektrifizierung der Städte vor mehr als einem halben Jahrhundert war.

Realzeit, aufgezeichnete Zeit; zwei Zeiten, zwei »Bewegungen«: am 15. Mai 1989 verlangen die auf dem Tienanmen-Platz versammelten Studenten eine *direkt übertragene* Nachrichtensendung, vergebliche Mühe.

Vom 7. Juni an, nach den tragischen Ereignissen von Peking, sendet das chinesische Fernsehen unaufhörlich von automatischen Überwachungskameras der Polizei aufgenommene Filmausschnitte *als Aufzeichnung*, die die gegen einzelne Fahrzeuge und Soldaten verübten Übergriffe zeigen; und das, ohne jemals die friedliche Besetzung dieses

Platzes und die Niedermetzelung seiner Besetzer durch die Armee der Volksrepublik China gezeigt zu haben ... Auswahl des Bildes, oder genauer: Auswahl der *Zeit des Bildes*, die für das Land über die momentane politische Wirklichkeit entscheidet. So als ob die Ausdehnung dieses Kontinents und die Vielzahl derer, die ihn bewohnen, schließlich weniger wichtig wären als die Dauer, der ausgewählte Augenblick, um darüber zu sprechen, um zu zeigen, was sich dort tatsächlich ereignet ... Die Realzeit sowie der reale Raum des Ereignisses auf dem Tienanmen-Platz beunruhigen die chinesischen Führer so sehr, daß sie ihre Auswirkungen mit Hilfe des REPLAY mildern müssen.

Seltsame Politik, bei der die kalkulierte Verspätung des Bildes die Absicht verfolgt, katastrophale Auswirkungen zu unterbinden, so wie einst die Mauern des öffentlichen Raums und die Stadtgesetze die Gefahr des Umsturzes oder des Angriffs im Zaum hielten. Es geht nicht mehr nur um die Wahl des Tages oder der Stunde, um wie einst *konkret* zu handeln, sondern um die Wahl, die Entscheidung zur augenblicklichen Verschleierung des Ereignisses, *eine zeitliche und vorläufige Verschleierung*, parallel zur physischen Unterdrückung der Akteure, zur Niedermetzelung der Studenten auf dem Tienanmen-Platz.

Tatsächlich kann man anläßlich dieses Ereignisses von einer »Belagerung«, von einer neuen Art von »Belagerungszustand« sprechen: Es ist nicht mehr so sehr die Einschließung des Raumes der Stadt durch die Truppen, sondern der *Belagerungszustand der Zeit*, der Realzeit der öffentlichen Nachrichten. Nicht mehr die gewohnte Zensur, das Verbreitungsverbot, das Staatsgeheimnis, sondern das REPLAY, DIE AUFZEICHNUNG, die Verspätung beim Einschalten des lebendigen Lichts der Tatsachen.

»Krieg der Realzeit«, der schließlich Louis-Ferdinand Céline recht gibt, der am Ende seines Lebens ernüchtert erklärt: »Im Augenblick zählen nur die Tatsachen, und das noch nicht einmal für lange.«

Dieser Augenblick ist von nun an vorbei; hier oder da, in China wie anderswo auf der Welt sind die Tatsachen durch die Wirkungen der Interaktivität der Telekommunikation aufgelöst. Die TELEOPTISCHE Wirklichkeit setzt sich gegen die TOPISCHE Wirklichkeit des Ereignisses durch. Am 9. Juni 1989 meldete das chinesische Fernsehen förmlich, daß die Armee ohne vorherige Warnung auf jeden Träger einer Kamera oder eines Photoapparates schießen würde.

Ein letzter Aspekt wird der Bestätigung der vor sich gehenden Veränderung dienen: die Krise des Privatkraftwagens, oder genauer: sein symbolischer Niedergang zugunsten anderer Gegenstände, anderer noch ausgefallenerer Vehikel. »Das Auto wird die letzte Ihrer Sorgen sein«, dieser Slogan, der auf dem Pariser Autosalon von 1988 den Stand von Ford überragte, veranschaulicht vortrefflich diesen Niedergang. Ein Niedergang, der sich wie immer mit einem Höchstmaß an Verzierungen, unnützen Accessoires schmückt, so wie der Wechsel in der Bezeichnung der Veranstaltung: »Die Weltausstellung des Automobils«.

Was heute tatsächlich weltumfassend ist, das ist das Fernsehen – die Fernsehdirektübertragung –, das Privatauto, sei es ein Sport- oder ein Nutzfahrzeug, ist immer nur ein lokaler Gegenstand. Hieraus erklärt sich der jüngste Erfolg des Geländewagens, dieses berühmt-berüchtigten Allrads, der bestrebt ist, über die Randmarkierung der befestigten Wege hinauszukommen, dieses exzentrische Trial, das um jeden Preis die Straße, die Autostraße verlassen will.

Wir sahen, daß das Bild nunmehr das einzige leistungsfähige Vehikel ist. Ein realzeitliches Bild, das den Raum, in dem sich noch das Automobil fortbewegt, verdrängen wird. Schließlich ist die Krise des privaten Personenkraftwagens derjenigen des Stadtteilkinos ziemlich ähnlich. Wie viele dieser Kinosäle sind nicht in Garagen, Tankstellen umgewandelt worden, bevor diese wiederum zu Supermärkten oder, in noch jüngerer Zeit, zu Aufnahmestudios oder Pressehäusern wurden.

Wie Fellini es vor kurzem formulierte: »Ich reise nicht mehr, ich habe lediglich Fortbewegungsanfälle.« Tatsächlich beherrschen wir nicht mehr die Bewegungsenergie irgendeines »Transportmittels«. So wie uns das Fieber beherrscht, ergreift die Energie intensiv Besitz von uns, woraus sich die bedeutende Gefahr der dopenden Mittel, der aufputschenden Drogen erklärt.

»Das Kino«, erklärte Alfred Hitchcock, »das sind Lehnstühle mit Leuten darin . . .«. Selbst wenn die Sitzbänke der Limousinen im Moment nicht so leer sind wie die Lehnstühle der Kinosäle, so sollten wir uns keinen Illusionen hingeben . . . Wie lange noch werden wir die Langeweile der Autobahnstrecken ertragen?

In Japan hat das Fernsehen bereits die Taxis sowie die Fahrstühle der Hochhaustürme überschwemmt. Verboten wie Hunde in den Parkanlagen, frequentiert das Automobil bereits nicht mehr die Fußgängerzonen bestimmter zentraler Stadtviertel, um sich auf die Ringstraße zu flüchten, in der Zwischenzeit wartet man auf die Pariser Super-Ringstraße oder das superschnelle und unterirdische Lasersystem, bei dem das Automobil zur Metro wird.

Wie sich fortbewegen, ohne sich zu bewegen? Wie unisono schwingen? So viele Fragen, die bald zu anderen Apparaten, anderen Transport- oder Übertragungsmitteln führen werden, ohne jede Beziehung zur Hausgerätschaft, derer wir uns heute noch bedienen.

Es kann festgestellt werden: Man dreht noch nicht einmal mehr den Knopf am Radiogerät, man drückt auf eine Taste, man betätigt eine Fernbedienung des Fernsehgeräts ... bis hin zu unseren Quartzuhren, die noch nicht einmal mehr über eine sich im Kreise bewegende Nadel, sondern über eine numerische Anzeige verfügen.

»Das eine wird das andere ersetzen«, schrieb einst der alte Victor Hugo anläßlich des Buches über die Kathedrale. Wird es in Zukunft mit dem Bildschirm und der Limousine nicht dasselbe sein? Bis wann werden wir uns *tatsächlich* bewegen?

Haben die Japaner (immer die Japaner) nicht vor kurzem das BO.DO.KAHN erfunden, ein schwingendes *Kissen* zum rhythmischen Hören seines Walkman? Bis hin zum aufgehenden Sonnenlicht, das nicht mehr mit seinen beweglichen Strahlen die japanischen Wohnungen erhellt, die nunmehr von optischen Fasern beschienen werden ...

Außerdem führt man nach Aussage der Verantwortlichen selbst im Ballungsraum Osaka (20 Millionen Einwohner) bereits Netze mit optischen Kabeln unter den Autobahnen ein, wobei die Bilder den Unterboden der Autos nutzen. Schenken wir dem Weltmeister in der Formel 1, Alain Prost, unsere Aufmerksamkeit: »Wirkliche Geschwindigkeit bedeutet, die Hindernisse anzufahren und dabei den Eindruck zu haben, sich in einem sehr stark verlangsamten Film zu bewegen.« Und der ehemalige Rallye-Fahrer Bernard Darniche äußerte kurz nach seinem Rückzug vom Wettkampfsport: »Für mich ist das ideale Auto eine mobile Video-Regie.«

Warum den Versuch unternehmen, es zu verheimlichen? Die einzige Art und Weise, das private Automobil zu retten, besteht darin, in ihm den Zeitkompressor des Videobildes anzubringen: den TURBO-KOMPRESSOR DES BILDES IN REALZEIT.

Das Auto, das spricht und den Fahrer über technische

Schwierigkeiten unterrichtet, ist genau in dem Augenblick ein Irrtum, in dem man *Straßen-Simulatoren* für die Autofahrschulen zum Verkauf anbietet (für etwa 30 000 DM, den Preis eines Autos). Was man verwirklichen müßte, das ist ein Auto, das sieht, das wahrnimmt, *das transhorizontale Vehikel*, gleichzeitig automobile und audiovisuelle Geschwindigkeit miteinander verbindend. Es ist möglich, daß sich das Projekt PROMETHEUS, in dem sich im Rahmen von EUREKA die zwölf europäischen Automobilhersteller zusammengeschlossen haben, tatsächlich darum bemüht.

Wenn man weiß, daß demnächst jeder der Elektrochips von weniger als einem My (μ) die Entsprechung zur Informationsmenge des Autonetzes der Vereinigten Staaten enthält, kann der »travel-pilote« von Blaupunkt immer nur ein überholtes automatisches Steuerungssystem sein.

Zu einer Zeit, in der man sich auf einer einzigen Bildplatte die Gesamtheit der verschiedenen Fahrstrecken einer Stadt – im vorliegenden Fall von Aspen, Colorado – ansehen kann, wie sollte man da nicht den Versuch unternehmen, die automobile Perspektive zu erneuern? Eine »Perspektive«, bei der sich die Tiefe der Zeit des elektronischen Bildes gegen die Tiefe des Raumes des Autostraßennetzes durchsetzen würde.

In einer neueren Werbung für die Waschmaschine von Thomson wurde dieses Haushaltsgerät »Waschcomputer« genannt. Warum sollte man also schließlich nicht verstehen, daß die Transportmaschine der Zukunft in erster Linie ein »Fahrcomputer« sein wird, bei dem sich die audiovisuellen Leistungen des elektronischen Armaturenbrettes gegen die optischen Eigenschaften, das Gesichtsfeld der Windschutzscheibe durchsetzen werden?

Genauso wie sich die Fallschirmspringerei mehr und mehr zu einem »relativen Flug« entwickelt, wird sich die automobile Bewegung in Zukunft von einem absolut physischen Transportmittel zu einem technologischen Gemisch entwickeln, ein Mittel des »relativen Transports«, das Transport und Direktübertragung vereint, wobei die kinematische Energie des video- und computergraphischen Bildes vorteilhaft die kinetische Energie des Motor-Hubraums ergänzt.

Eine höhere Geschwindigkeit, die zunehmend alle anderen zunichte macht, und weder der TGV noch das Überschallflugzeug ändern etwas daran: *die Maschine zur Verkürzung der Zeit* ist nicht mehr das Automobil, sondern von nun an werden es die Audiovision und die Technologien der Realzeit sein.

Vor einigen Jahren hat die Stiftung Cartier für zeitgenössische Kunst eine wunderbare Sammlung von Ferraris gezeigt; ein wahrhaftes Symposium von Coupés, Limousinen und Cabriolets. Diese Zurschaustellung des Luxus im Park von Jouy-en-Josas veranschaulichte indessen nichts als die Entwicklung der Aerodynamik, eine im Zeitalter der vom Computer begleiteten Planung und Steuerung ebenso überholte »Aerodynamik«, wie es schon seit langem die Ästhetik der Möbel vergangener Zeiten war.

2
Das letzte Vehikel

> In Zukunft wird es genauso wichtig sein, den Weltraum kennenzulernen, wie ein Auto fahren zu lernen
>
> *Wernher von Braun*

In Tokio gibt es ein neues Schwimmbad mit einem Becken, in dem eine starke Strömung herrscht und die Schwimmer *auf der Stelle stehen* . . . Eine bewegte Wasserfläche, die denjenigen, der sich in sie hineinbegibt, daran hindert, sich fortzubewegen, die vom Schwimmer eine Fortbewegungskraft erfordert, um auf der Stelle stehen zu bleiben . . . Einem Heimtrainer oder Laufband gleich, gegen dessen Laufrichtung man sich bewegt, hat die Strömungsdynamik des japanischen Beckens keine andere Aufgabe, als die Wettkampfschwimmer dazu zu bringen, gegen diese Energie anzukämpfen, die den Raum durchquert und ihnen entgegenwirkt, diese Energie, die an die Stelle der Abmessungen des Olympiabeckens tritt, so wie die Rollen des Heimtrainers die Radrennbahn ersetzen . . .

So wird derjenige, der hier trainiert, weniger ein beweglicher Körper als eine Insel, ein *bewegungsloser Pol*. Wie auf der Bühne konzentriert sich alles auf eine Stelle, alles ereignet sich im privilegierten Augenblick eines Aktes, ein unendlicher Augenblick, der die Ausdehnung und die langen Zeitspannen verdrängt. Kein Golfplatz mehr, sondern eine »Video-Leistung«, kein Autokurs mehr, sondern ein Streckensimulator: *der Raum breitet sich nicht mehr aus, das Moment der Bewegungslosigkeit löst die fortwährende Bewegung ab.*

Eine analoge Tendenz kann man außerdem in der Art der Darbietung der Exponate in der Geschichte der Museen beobachten. Die umfänglichsten Ausstellungskomplexe sind als zu weit voneinander entfernte umgekehrt proportional zu ihrem generellen Ausmaß seit kurzem *zeitliche Verkleinerungen* geworden: *doppelt soviel Raum in der Hälfte der Zeit durchschreiten.* Die Beschleunigung des Besuchs mißt sich an der Größe der Karniesen, zu viel Raum, nicht genügend Zeit, schwelgt das Museum in unnützen Ausdehnungen, die nicht mehr von den Werken ausgefüllt werden können. Wahrscheinlich deshalb, weil diese noch bestrebt sind, sich im Raum dieser nunmehr reizlosen weiten Flächen zu verteilen, auszudehnen, so wie die großen Perspektiven des klassischen Zeitalters.

Gebaut zum Gedenken an beachtenswerte Werke und lange von den aufmerksamen Besuchern der Vergangenheit betrachtet, sind unsere Monumente derzeit durch die exzessive Eile des Zuschauers überholt, dieses »Liebhabers«, den man dennoch zurückhalten, mehr als einen Augenblick zurückhalten müßte, und der um so schneller flüchtet, je imposanter das Ausmaß des dargebotenen Umfangs ist.

Monument eines Augenblicks, in dem das Werk eher erlischt, als daß es sich zeigt, ist das heutige Museum vergeblich darum bemüht, diese Werke unter dem Blick zu sammeln, sie zu versammeln, diese Arbeiten, die sich normalerweise im Abseits halten, in der Werkstatt, auf der Baustelle, den Laboratorien einer gründlicheren Wahrnehmung, die niemals die Wahrnehmung des Vorübergehenden ist, dieses »vorübergehenden Besuchers«, der durch die Spannung, die ihn erfüllt, zerstreut wird. Wir sollten unter diesem Gesichtspunkt der Retention, der Einschränkung der *Zeit des Vorübergehens* noch auf ein offensichtliches Vorhaben hinweisen: es handelt sich um das

Miniaturmodell des Staates Israel, bei dem die Besucher *»vollkommen sicher und mit einem Mindestmaß an physischer Fortbewegung* die getreue Kopie des Holocaust-Museums, ein Stück der Klagemauer und des Sees Tiberias (Genezareth) – mit einigen Kubikmetern des originalen Wassers – bewundern könnten«. All dies würde von den Verantwortlichen der für dieses Vorhaben gegründeten Stiftung durch die Ausstellung von elektronischen Geräten und Bauelementen, Erzeugnissen der israelischen Industrie ergänzt werden. Diese Demonstration der Extraterritorialität hat ihren Platz vor der Küste von Douarnenez, auf der Insel Tristan, wobei diese von Frankreich schließlich dem hebräischen Staat überlassen würde . . .

Selbst wenn diese Utopie nicht wirklich Gestalt annehmen sollte, so verrät sie nichtsdestoweniger auf beispielhafte Art und Weise diese *tellurische Kontraktion*, diese plötzliche »Überbelichtung«, die heute auf die Ausdehnung der Gebiete, die Oberfläche der ausgedehntesten Objekte, ebenso wie auf das Wesen selbst unserer letzten Fortbewegungen einwirkt. Fortbewegung auf der Stelle, Erscheinung einer Bewegungslosigkeit, die für die durchquerte Landschaft das ist, was das »Standbild« für den Film ist . . . das Aufkommen auch einer letzten Generation von Vehikeln nämlich, von Fernverkehrsmitteln, die keine Gemeinsamkeiten mit denen der Transportmittelrevolution aufweisen, so als ob sich die Eroberung des Raumes endlich als *die Eroberung allein der Bilder des Raums* erwiese. Wenn das ausgehende 19. und das beginnende 20. Jahrhundert das Aufkommen des *automobilen Vehikels* erlebt haben, des dynamischen Schienen-, Straßen- und dann Luftfahrzeugs, dann scheint es tatsächlich so zu sein, als würde das Ende dieses Jahrhunderts mit der kurz bevorstehenden Durchsetzung des *audiovisuellen Vehikels*, des statischen Vehikels, einen Ersatz für unsere physischen Fortbewegungen und Verlängerung der häuslichen Bewegungslosigkeit, eine letzte Veränderung ankündigen, die schließlich den Triumph der Seßhaftigkeit erleben wird, einer endgültigen Seßhaftigkeit diesmal.

Auf die Transparenz des Raumes, die Transparenz des Horizonts unserer Reisen, unserer Strecken würde dann diese *kathodische Transparenz* folgen, die lediglich die perfekte Vollendung der Erfindung des Glases vor viertausend Jahren ist, des Spiegels vor zweitausend Jahren und dieses »Schaufensters«, dem geheimnisvollen Ding, das dennoch die Geschichte der Stadtarchitektur vom Mittelalter bis in unsere Tage, oder genauer: bis zur kurz zurückliegenden Verwirklichung dieses *elektronischen Schaufensters*, kennzeichnet, dem letzten Horizont unserer Fahrten, deren vollkommenstes Modell der »Flugsimulator« verkörpert.

Außerdem beweist die jüngste Entwicklung der Vergnügungsparks dies hinlänglich: Laboratorien der *physischen Empfindungen*, mit ihren Rutschen, ihren Katapulten und ihren Zentrifugen, Bezugsmodelle für das Training der Piloten und Kosmonauten; der Jahrmarkt entwickelt sich nach Aussagen der Verantwortlichen selbst ebenfalls zu einer kollektiven Erprobung einzig der *mentalen und imaginären Empfindungen.*

Nachdem der Freizeitpark im letzten Jahrhundert die Bühne für verlorengegangene physiologische Empfindungen einer arbeitenden Bevölkerung war, die bereichernder und vielseitiger körperlicher Aktivität beraubt war, schickt er sich nun an, die Bühne einzig von optischen Illusionen zu werden, der Ort einer Verallgemeinerung des Nicht-Ortes der Simulation, von fiktiven Fahrten, dazu imstande, jedem eine elektronische Halluzination, einen Rausch zu verschaffen . . . »Sehverlust«, der auf den Verlust der körperlichen Betätigungen im 19. Jahrhundert folgt. Dennoch stimmt es, daß parallel zum Jahrmarktsgewerbe der Luftakrobatik und des Schwindels die »Panoramen«, »Dioramen« und andere Kinematographen selbst den Weg zum »Panrama«, zur »Geode« bereiteten, zum halbkugelförmigen Kino, das im »Cineorama-Ballon« von Grimoin-Sanson seinen Vorläufer hatte, die archaischen Formen unserer gegenwärtigen *audiovisuellen Vehikel*, deren Vorhaben bereits die amerikanischen *Hales's Tours* verdeutlichen sollten; denn zwischen 1898 und 1908 wurden einige von ihnen tatsächlich von Eisenbahngesellschaften finanziert. Wir wollen daran erinnern, daß diese von vorne an der Lokomotive oder von hinten auf der Aussichtsplattform eines Zuges angebrachten Kameras aufgenommenen Filme dann später dem Publikum in solchen Zuschauerräumen gezeigt wurden, die genaue Nachbildungen der Eisenbahnwaggons dieser Zeit waren. Einige dieser Kurzfilme wurden im übrigen von Billy Bitzer gedreht, dem zukünftigen Chef-Kameramann von D. W. Griffith.

An diesem Punkt angekommen, sollte man indessen zu den Ursprüngen der Bewegungsillusion zurückkehren, zu den Gebrüdern Lumière, zur »Ankunft eines Zuges im Bahnhof von La Ciotat« im Jahre 1895 und vor allem zu jenem Frühjahr des Jahres 1896, das die Erfindung des allerersten Travellings durch Eugène Promido erlebte. Lassen wir ihn selbst zu Wort kommen: »Es war in Italien, als ich zum ersten Mal die Idee der Panoramaaufnahmen hatte. Bei meiner Ankunft in Venedig, als ich mich mit dem Boot auf dem Canale Grande vom Bahnhof ins Hotel begab, sah ich, wie die Ufer am Boot vorbeiflohen, und dann dachte ich, *wenn das unbewegliche Kino es ermöglicht, bewegliche Gegenstände wiederzugeben, dann könnte man vielleicht die Ausgangsbedingung umkehren und versuchen, mit Hilfe des beweglichen Kinos unbewegliche Gegenstände wiederzugeben.* Ich fertigte sogleich einen Filmstreifen an und schickte ihn nach Lyon mit der Bitte, mir mitzuteilen, was Louis Lumière von diesem Versuch hielt. Die Antwort war positiv.«

Um die Bedeutung dieses Anfangs des »beweglichen Kinos«, oder anders gesagt: des ersten *statischen Vehikels* vollständig zu erfassen, sollten wir den Lauf der Geschichte zurückverfolgen. Es sei darauf hingewiesen, daß es, ohne bis zu den »aerostatischen Aufnahmen« von Nadar (1858), dem Ursprung der filmischen Schwerelosigkeit zurückzugehen, bis zum Jahr 1910 dauern sollte, bis die erste »Luftaufnahme« an Bord eines Farman-Flugzeugs angefertigt wurde ... Was das zukünftig herkömmliche, untrennbar mit dem zeitgenössischen Kino verbundene, auf Schienen angebrachte »Travelling-Vehikel« betrifft, wird dieses vier Jahre später, bei den Dreharbeiten zu *Cabiria* von Giovanni Pastrone auftauchen. Weisen wir zur Erinnerung auf die Züge des Agit Prop zwischen 1918 und 1925 hin, auf die Benutzung der Vorbeifahrt mit dem Zug durch Dziga Vertov im Frühjahr 1918, einem Mitglied des Moskauer »Wochenschau-Komitees«, der bis 1923 wartete, um eine »Abteilung kinematographischer Automobile« zu initiieren, die in Notfällen zum Einsatz kommen sollte, um über die wichtigen Ereignisse zu berichten: Vorgänger der »Übertragungswagen« des Fernsehens. Mit dieser vehikularen Kopplung, mit der Verwirklichung einer *automobilen und audiovisuellen Mischung* verändert sich schließlich unsere Wahrnehmung der Welt: *die Optik und die Kinematik vermischen sich.* Die Standpunktstheorie von Albert Einstein, die in der Folge die »Theorie der speziellen Relativität« genannt wurde, entstand 1905. Auf sie folgt etwa zehn Jahre später die der allgemeinen Relativität, und beide haben zu ihrem unmittelbaren Verständnis ausgiebig Gebrauch gemacht von der Metapher der Eisenbahn, der Straßenbahn und des Fahrstuhls, die zu Vehikeln einer physikalischen Theorie wurden, die ihnen alles oder fast alles verdankt, denn im Verlauf derselben geschichtlichen Epoche wird man die Transportmittelrevolution erleben, die begleitet wird von einer charakteristischen Veränderung der Ankunft, mit der fortschreitenden Negierung der Zeitspanne, der beschleunigten Retention der Fahrzeit, die die Abfahrt von der Ankunft trennt. Der räumliche Abstand wird plötzlich allein vom zeitlichen Abstand abgelöst, womit die weitesten Reisen kaum noch Unterbrechungen darstellen . . .

Wenn aber, wie wir vorausgehend bemerkten, das 19. Jahrhundert und ein guter Teil des 20. tatsächlich den Aufschwung des automobilen Vehikels in jeder Form erlebten, so ist doch die *vehikulare Veränderung weit davon entfernt, abgeschlossen zu sein*, denn sie wird, wie früher – nur schneller – vom entfesselten Nomadismus zur Bewegungslosigkeit führen, zur endgültigen Seßhaftigkeit der Gesellschaften.

Tatsächlich ist es, obwohl es nicht den Anschein hat, von den dreißiger Jahren an das audiovisuelle Vehikel, das sich mit dem Radio, dem Fernsehen, dem Radar, dem Sonar und der entstehenden elektronischen Optik durchsetzt. Zuerst im Krieg, dann – und trotz der massiven Entwicklung des Personenkraftwagens – nach dem Krieg, diesem »nuklearen Frieden«, der die Revolutionierung der Nachrichtentechnik erleben wird, die für die Unterstützung der verschiedenen – militärischen und ökonomischen – Abschreckungspolitiken unabkömmlichen telematischen Informatik. Vom Jahrzehnt 1960-1970 an wird sich das Wesentliche also nicht mehr so sehr auf den Verkehrswegen eines bestimmten geographischen Territoriums abspielen (woraus sich die Entregelung, die Unregelmäßigkeit der Tarife der öffentlichen Transportmittel erklärt), sondern im Äther, im elektronischen Äther der Telekommunikation.

Nunmehr kommt alles an, ohne daß die Notwendigkeit der Abfahrt noch bestünde. Auf die spezielle Ankunft der dynamischen, mobilen, dann automobilen Vehikel folgt jäh die allgemeine Ankunft der Bilder und Töne in den statischen Vehikeln der Audiovision. Die polare Bewegungslosigkeit beginnt. Das augenblickliche Interface ersetzt die Zeitspannen noch der längsten Zeitdauern der Fortbewegung. Nach dem Aufkommen des *Zeit/Abstands* auf Kosten desjenigen des Raums im 19. Jahrhundert ist es jetzt das Aufkommen des *Geschwindigkeit/Abstands* der elektronischen Bilderwelt: *das Standbild folgt auf das unaufhörliche Parken.*

Nach Ernst Mach soll das Universum auf geheimnisvolle Weise an jedem Ort und in jedem Augenblick der Welt präsent sein ... Wenn jedes mobile (oder automobile) Vehikel ein spezifisches Sehen befördert, eine Wahrnehmung der Welt, die nichts als das Artefakt seiner Fortbewegungsgeschwindigkeit inmitten des umgebenden Erd-, See- oder Luftumfelds ist, stellt umgekehrt jede der Visionen, der (optischen, klanglichen) Bilder der wahrgenommenen Welt ihrerseits tatsächlich ein »Vehikel« dar, einen von seiner Übertragungsgeschwindigkeit nicht zu trennenden Kommunikationsvektor, und das von der teleskopischen Augenblicklichkeit der Entzerrung des Bildes in der *passiven Optik* der Brillenlinsen Galileis bis zu unseren modernen »Telekommunikations-Mitteln«, der *aktiven Optik* des Computer-Video.

Man kann das dynamische Vehikel also nicht mehr klar vom statischen Vehikel, das Automobil von der Audiovision trennen – der jüngste *Primat der Ankunft* über die Abfahrt, über alle Abfahrten und folglich über die Strekken, über alle Flugbahnen, verwirklicht eine geheimnisvolle Verschwörung –, eine momentane Bewegungslosigkeit jedes Ortes und jedes Augenblicks der gegenwärtigen Welt, die letztlich dem Prinzip der Untrennbarkeit verwandt ist, dem Prinzip einer Bewegungslosigkeit, das dasjenige der Unbestimmtheit der Quanten vervollständigt und abschließt.

Selbst wenn man heute einen Versuch der technologischen Vermischung der beiden Vehikel erlebt: Mit der systematischen Verwendung von Video-Landschaften in den Aufzügen der Türme hoher Gebäude in Japan beispielsweise, und selbst wenn die zivile Luftfahrt, die Langstreckenbeförderung nunmehr Hand in Hand geht mit der Vorführung von Spielfilmen während des Fluges, diese vorübergehende Verbindung wird unweigerlich in der Eliminierung des auf dem Gebiet der Ausbreitungsgeschwindigkeit am wenigsten leistungsstarken Vektors münden – die gegenwärtige Flucht nach vorn des Hochgeschwindigkeitszuges sowie des Überschallflugzeugs, wie die Deреglementierung, deren Objekt beide sind, weisen besser als irgendeine Vorhersage darauf hin, daß der Vektor, das bedrohte Vehikel wohl der der Erd-, See- und Luft-Automobilität ist.

Das Zeitalter der intensiven Zeit ist nicht mehr das der physischen Transportmittel. Es ist, im Gegensatz zu derjenigen der vormals *extensiven Zeit*, ausschließlich dasjenige des Telekommunikationsmittels, anders gesagt: *dasjenige des Auf-der-Stelle und der häuslichen Bewegungslosigkeit.*

Die jüngste Entwicklung des Autos sowie die der Formel 1-Rennen beweist dies: Aus Mangel an ernsthafter Konkurrenzfähigkeit mit den Großtaten der Audiovision verändert man unablässig die Leistungsstärke des Rennwagens, die Wettkampfregeln, das Gewicht der Fahrzeuge, den Benzinvorrat, und manchmal geht man sogar so weit, die Leistungsstärke der Motoren zu drosseln, was der Gipfel ist!

Das symptomatischste dynamische Erdfahrzeug dieser

sportlichen Involution ist schließlich der DRAGSTER (und der HOT ROAD), dessen Parole lauten könnte: *»Wie kann man nirgendwo hinfahren, jedenfalls immer weniger weit (400 oder 200 Meter), aber immer schneller?«*

Die extreme Tendenz dieses intensiven Wettkampfes führt vielleicht dazu, die Start- und die Ziellinie zusammenfallen zu lassen, eine Großtat verwirklichend, die der *Direktübertragung* des Fernseh-Interfaces entspricht ... Was das private Auto betrifft, so ist seine Entwicklung in jedem Punkt identisch, denn es gibt jetzt eine Art von *Selbstzufriedenheit des Automobils*, die es zunehmend einem häuslichen Zubehör angleicht. Hieraus folgt der Auszug, die Aufteilung des Zubehörs, des Mobiliars, der Stereoanlage, des Funktelefons, der Fernschreiber, des tragbaren Videos, wenn das *Ferntransportmittel* unmerklich ein Mittel des *Auf-der-Stelle-Transports* wird, ein Vehikel des Transports von Freude, der Musik, der Geschwindigkeit ... Wenn die automobilen Vehikel, alle Erd-, See- oder Luftfahrtvehikel nunmehr in der Tat weniger »Bügel« im reiterlichen Sinne des Wortes sind, als vielmehr *Bügel* im Verständnis der Brillenmacher, der Optiker, dann deshalb, weil das motorgetriebene Vehikel weniger ein Vektor der physischen Bewegung verkörpert als ein Darstellungsmittel; es ist *der Träger einer mehr oder weniger schnellen Optik des umgebenden Raumes.*

Das mehr oder weniger weit entfernte Sehen unserer Reisen wird allmählich vom mehr oder weniger schnellen Vorhersehen eines Zielortes abgelöst, allgemeines Ziel der Bilder, der Nachrichten, das nunmehr unsere dauernden Fortbewegungen ersetzt.

Hieraus erklärt sich diese geheime Entsprechung der architektonischen Statik des Hauses sowie der medialen Bewegungslosigkeit des audiovisuellen Vehikels mit dem Auftauchen der *intelligenten Wohnung*, was sage ich, der intelligenten und interaktiven Stadt!, dem Auftauchen des

Telehafens als Nachfolger des Hafens, des Bahnhofs und des internationalen Flughafens.

Auf die indiskrete Frage eines Journalisten nach ihrer Adresse antwortete eine berühmte Schauspielerin: »Ich wohne überall!«. In Zukunft, das ist sicher, werden wir mit der Ästhetik, der Logik des Verschwindens der Architektonik *alle überall wohnen*, wie diese Tiere der »Video-Zoos«, die allein durch ihr Bild auf einem Bildschirm präsent sind, Bilder, die hier oder da aufgenommen wurden, gestern oder vorgestern, an bedeutungslosen Orten, unermeßliche Vorstadtbezirke einer filmischen Entwirklichung, in denen die *audiovisuelle Geschwindigkeit* letztlich für die Innenarchitektur unserer Wohnungen das ist, was die *automobile Geschwindigkeit* schon für die Stadtarchitektur und die Gestaltung des gesamten Territoriums war.

Die »Bodensimulatoren« werden dann die Nachfolge der Flugsimulatoren antreten. Eingeschlossen in unsere *kathodischen Vitrinen*, werden wir die Teleschauspieler und -schauspielerinnen eines lebendigen Kinos, dessen Aufkommen die jüngere Entwicklung der »Ton- und Licht«-Shows unter dem seit André Malraux, über Jacques Lang, bis hin zu Léotard [1] ständig wiederholten Vorwand des Erhalts unseres Erbes an Liegenschaften anzeigt.

Ein Film zu werden, das scheint also unser gemeinsames Schicksal zu sein. Besonders seitdem der zum Staatssekretär im Ministerium für Kultur und Kommunikation gewordene Leiter der CINESCENIE von Puy-du-Fou in der Vendée, Philippe de Villiers, vorhat, an allen möglichen Orten »szenische Parcours an den historischen Stätten« einzurichten, um den Versuch zu machen, den Reiz unserer historischen Bauten, unserer Museen wiederzubeleben und auf diese Weise mit den importierten Vergnügungsparks nach dem Muster von »Disney Land« in der Nähe von Paris oder »Wonderworld« nahe London zu konkurrieren.

Nach der Ausstattung der Theaterbühne der Agora, des Forums, des Atriums, die traditionell die Geschichte der Stadtstaaten begleitet, ist es nun die *Kino-Ausstattung*, die sequentielle Umwandlung einer Gemeinde, einer Region, einer historischen Stätte, deren aktive Bevölkerung sich für eine gewisse Zeit in Komparsen einer Geschichte verwandelt, deren Wiederauferstehung beschlossen wurde. Ob es der Krieg der Vendée mit Philippe de Villiers oder die Feiern zum mehrhundertjährigen Bestehen der Stadt Lyon mit Jean-Michel Jarre sind . . ., es stimmt indessen, daß der gegenwärtige Kulturminister selbst diesem Phänomen huldigte, indem er mit der Finanzierung im Rahmen des Programms »Salamander« die Entwicklung einer interaktiven Bildplatte, die die Führung durch die Schlösser der Loire ermöglicht, eine verfeinerte audiovisuelle Praxis ins Leben rief . . . »Ton und Licht zu Hause«, bei der die ehemaligen Besucher der touristischen Vergangenheit *Video-Besucher* werden, »Tele-Liebhaber alter Gemäuer«, die in ihren Schallplattenschrank neben Mozart und Verdi nun auch Cheverny und Chambord [2] einordnen werden.

»Man träumt nicht mehr, man wird geträumt, Stille«, stellte Henri Michaux in seinem Gedicht *La Ralentie* fest. Die Umkehrung beginnt. Der Film läuft rückwärts noch einmal ab. Das Wasser steigt in der Flasche auf. Wir gehen rückwärts, aber immer schneller. Die Involution, die zur Bewegungslosigkeit führt, beschleunigt sich. Bis hin zu unserem Begehren, das in einer immer stärker ausgeprägten medialen Abstandnahme erstarrt: nach der Vitrine mit den Prostituierten von Amsterdam, dem Striptease der fünfziger Jahre und der Peep-Show der siebziger Jahre ist es jetzt die Video-Pornographie.

Die Liste der Todsünden in der Rue Saint-Denis läßt

sich in der der neuen Bildtechnologien zusammenfassen: BETACAM, VHS, VIDEO 2000, etc., einstweilen wartet man auf die erotische Robotertechnik, die Sehmaschine . . .

Das gleiche gilt für den Bereich der militärischen Auseinandersetzungen: Nach dem Heimtrainer der Piloten des Ersten Weltkrieges, dem Drehstuhl für die Pilotenausbildung des Zweiten Weltkrieges und der Zentrifuge für die künftigen Astronauten der NASA – *Tauglichkeits- oder Untauglichkeitstest unter authentischen Bedingungen für die Schwerelosigkeit* – entwickelt man seit zehn Jahren immer leistungsstärkere »Simulatoren« für die künftigen Auszubildenden des Überschallfluges. Die Vorführkuppel mit einem Durchmesser von acht Metern, eine Geode für einen einzigen Menschen; die am weitesten entwickelte wird demnächst ein durchgängiges Bild in einem Gesichtsfeld von beinahe 300° zeigen. Hierbei ist der Pilotenhelm mit einem optischen System versehen, das mit der Retina abgestimmt ist. Um den Realismus der Szene noch zu verstärken, legt der hier Auszubildende einen aufblasbaren Overall an, der die mit der Beschleunigung verbundenen Wirkungen des Gravitationsdrucks simuliert. Aber das Wesentliche wird erst noch kommen, denn man erprobt bereits ein vom Okularmeter abgeleitetes Simulationssystem, das sich endgültig von der Bildschirm-Sphäre lösen wird: *die Ausstrahlung der Bilder des Luftkampfes vollzieht sich direkt in den Augäpfeln des Piloten* mittels Benutzung eines mit optischen Fasern versehenen Helms . . .; als Halluzinationsphänomen, das demjenigen von Drogen ähnlich ist, zeigt dieses künftige Ausbildungsgerät die Tendenz des Verschwindens jeglicher Bühne, jeglichen Bildschirms zugunsten des »Sitzes« allein an; hierbei handelt es sich aber um eine *Sitz/Falle für ein Individuum, dessen Wahrnehmung im voraus durch die Rechenleistung des Computers programmiert wird.*

Ich denke, es ist angebracht, vor der Neuerung dieses

nächsten Typs eines statischen Vehikels den Begriff der Energie selbst, der Bewegungsenergie nochmals zu überdenken. Wenn die Physiker immer noch zwei Aspekte der Energie: die *potentielle* und die *kinetische Energie*, die die Bewegung erzeugt, voneinander unterscheiden, so ist es neunzig Jahre nach der Erfindung der kinematographischen Kamerafahrt vielleicht tatsächlich angemessen, eine dritte hinzuzufügen, die *kinematische Energie*, diejenige, die aus der Wirkung der Bewegung und ihrer mehr oder weniger großen Schnelligkeit auf die okularen, optischen und opto-elektronischen Wahrnehmungen resultiert.

In diesem Sinne erschiene die jüngste *Simulationsindustrie* wie die Verwirklichung dieser letzten Energiequelle. Die Rechenleistung der Computer der neuesten Generation macht sie in gewisser Weise einem letzten Typus von Motoren ähnlich, dem *kinematischen Motor* nämlich.

Das Wesentliche wäre aber nicht gesagt, wenn wir nicht zum Primat der Zeit über den Raum zurückkämen, der heute seinen Ausdruck findet im Primat der (augenblicklichen) Ankunft über die Abfahrt. Wenn die *Tiefe der Zeit* sich nunmehr gegen die Tiefe des Feldes durchsetzt, dann deshalb, weil unsere alte Zeitordnung eine bemerkenswerte Veränderung erfahren hat. Hier wie anderswo: In unserem normalen und alltäglichen Leben *gehen wir* tatsächlich *von der extensiven Zeit der Geschichte zur intensiven Zeit einer geschichtslosen Augenblicklichkeit über*, ermöglicht durch die gegenwärtigen Technologien. Automobile, audiovisuelle und Computer-Technologien, die sich alle in die Richtung derselben Begrenzung, derselben Kontraktion der Zeit entwickeln. Eine tellurische Kontraktion, die nicht nur die Ausdehnung der Territorien in Frage stellt, sondern auch die Gebäude- und Möbelarchitektur.

Wenn die Zeit die Geschichte ist, dann ist die Geschwindigkeit lediglich ihre Halluzination, eine perspektivische

Halluzination, die jegliche Ausdehnung, jegliche Chronologie vernichtet. Raumzeitliche Halluzination, das sichtbare Ergebnis der intensiven Erschließung einer *kinematischen Energie*, deren audiovisuelles Vehikel heute der Motor wäre, so wie es in der Vergangenheit erst das mobile, dann das automobile Vehikel für die *kinetische Energie* war, wobei die Synthesebilder schließlich den Platz der gleichnamigen, im letzten Jahrhundert neu eingeführten Energien einnehmen.

Verlassen wir uns also nicht mehr darauf, denn die dritte Dimension ist nicht mehr das Maß der Ausdehnung, *die Oberflächengestalt ist nicht mehr die Realität.* Diese verbirgt sich nunmehr in der Flachheit der Bilder, in den im Fernsehen ausgestrahlten Darstellungen, woraus sich die Rückkehr zum Belagerungszustand des Hauses erklärt, zu dieser Leichenstarre einer interaktiven Wohnung, einer Pilotenkanzel, die die Ausdehnung der Wohnung verdrängt, in der das wichtigste Möbel der *Sitz* wäre, der ergonomische Stuhl des Behinderten-Motors und, wer weiß?, das *Bett*, eine Schlafcouch für den Körperbehinderten-Voyeur, eine Liege, um geträumt zu werden, ohne zu träumen, eine Bank, um gefahren zu werden, ohne zu fahren . . .

Merkwürdigerweise findet diese jüngste Neuerung eines Vehikels zur *Fortbewegung, ohne sich zu bewegen*, wieder zu den Anfängen der Erfindung des automobilen Vehikels zurück, so als ob die wachsende Bewegungslosigkeit alles zum Ausgangspunkt zurückführen würde, zu diesem Sattel, diesem Sitz, dem Bezugsmodell der entstehenden Automobilität.

Tatsächlich partizipierte das private Vehikel, der auf die physische Fortbewegung angewandte häusliche Automatismus, ursprünglich am Aufschwung des Mobiliars. Von der alten *Sänfte* zum Palankin und zur asiatischen Rikscha, über den Schaukelstuhl, den Drehstuhl und den ersten *Rollstuhl*, der im Jahre 1820 von Jacob für Louis XVIII. angefertigt wurde, erschien das Auto tatsächlich als der Erbe des Sitzes, der die unteren Gliedmaßen sich erholen läßt.[3] Das automobile Fahrzeug leitet sich in seiner technischen Herkunft also nicht so sehr vom Karren, von der Postkutsche und anderen Diligencen ab, der Komfort der motorisierten Vehikel macht ihn viel eher einem Möbel ähnlich, das sich bewegt, die extreme Zerbrechlichkeit der ersten Prototypen von Ford oder Daimler-Benz läßt unweigerlich an einen »Landauer«, einen Kinderwagen, wenn nicht sogar an eine Prothese für motorische Behinderungen denken . . .

Angefangen mit den *Videokabinen* der Tele-Pornographie, über die *Installationen* der Videokünstler und die verschiedenen *Fahrsimulatoren* sowie andere DATALAND der Computeroptik führt uns die Entfaltung der Technologien der Audiovision heute auf dem Umweg über die Armaturen zurück zu diesem Sitz, dem *Kontrollposten* der nahen oder fernen *Umwelt*, von der Art, wie ihn die Hersteller orthopädischer Geräte ihren Kunden anbieten. Bis zu den jüngsten Überschall-Kampfflugzeugen, die man nunmehr, nach Aussagen der Ingenieure selbst, um die Pilotenkapsel, um das Cockpit herum konzipiert, anders gesagt, um die Instrumententafel und den Schleudersitz des Piloten herum, dieses »Elitepiloten«, der die beispielhafte Gestalt des Behinderten geworden ist, dieses umsorgten Wesens, das für sein Überleben von den motorischen und audiovisuellen Großtaten seiner Ausrüstung abhängt. Und *dieser wohlausgerüstete Invalide ist paradoxerweise die Entsprechung zum übermäßig ausgerüsteten Gesunden* . . . Bis zur bevorstehenden Verwirklichung dieses »blinden Cockpits«, das eine vollkommene Synthese des Wirklichen und des Simulierten zu sein versucht, indem es ein dynamisches Vehikel – die im Augenblick am weitesten entwickelte Flugmaschine – verbindet mit einem der leistungsstärksten audiovisuellen statischen Vehikel, das dank dem ersten *Bord-Simulator* – ein »Bodensimulator« – dem Piloten während seiner Mission eine indirekte und fortwährend erneuerte Ansicht der Landschaft und der klimatischen Bedingungen der tatsächlich überflogenen Gebiete liefert. Sensorieller Verlust der okularen Wahrnehmung, die es den künftigen Kriegspiloten ermöglicht, bei Tageslicht zu fliegen, während es *in Wirklichkeit* dunkel ist, oder in niedriger Höhe außerhalb der Reichweite der Radargeräte, in den Winternebeln bei klarem Licht zu fliegen . . . Das Instrumentenbrett der *Video-Regie* ist folglich wohl der Ursprung des letzten, ebendieses audiovisuellen Vehikels, das unsere Beziehung zur Umwelt revolutioniert, so wie das motorgetriebene Vehikel einst das reale Territorium, die Stadt- und Landgeographie veränderte.[4]

Sonderbarerweise zieht die zur selben Zeit einsetzende Konvergenz des Kinos und der Luftfahrt unaufhörlich die der Darstellungs- und Kommunikationsmittel nach sich; diese Tendenz reicht bis zum gegenwärtigen Einverständnis, das das Computer-Video und die Raumfahrt miteinander verbindet, zum Aufschwung der Tele-Kommunikationen über Satellit, die beide auch Mittel zur unmittelbaren Tele-Darstellung der gegenwärtigen Welt sind . . ., so als ob die *filmische Schwerelosigkeit* der Sequenzen erst des Photogramms, dann des Videogramms und die des Überflugs der (Raum- oder Luft-)Maschinen danach streben, sich zu vermischen: *das Vehikel des Bildes und das Bild des fliegenden Vehikels* endgültig miteinander verbindend. Die so anerkannte Einheit der Optik und der Kinematik verlangt es, den Vektor der physischen Fortbewegung (das Ferntransportmittel) nicht mehr von seinem spezifischen Bild zu trennen: eine Bestätigung, wenn sie denn notwendig sein sollte, für das Aufkommen dieser letzten, bisher unausgenutzten Energie, der kinematischen Energie.

Erinnern wir an dieser Stelle daran, daß die von vielen europäischen und amerikanischen Photographen im 19. Jahrhundert – von Nadar und seinem Freund Marey, dem Erfinder der Chronophotographie im Jahre 1882 beispielsweise – zum Ausdruck gebrachte Faszination durch den menschlichen und tierischen Flug mit der Hoffnung verbunden war, »Luftbilder« anzufertigen, anders ausgedrückt: mit der Hoffnung, *die spezifische Sicht eines Lufttransportmittels zu erlangen*[5].

Diejenigen, die damals fliegen wollten, wollten zunächst »in der Luft fliegen« und nicht »irgendwo hinfliegen«, wie später mit der zivilen Luftfahrt. Die berühmte »Eroberung der Luft« ist wohl *die Eroberung eines unvergleichlichen Anblicks*, diejenige einer Allgegenwart, die dem göttlichen Blick analog ist . . .

Vergessen wir nicht, daß Etienne-Jules Marey 1884 der amtierende Präsident der Gesellschaft für Luftschiffahrt war und seine Untersuchungen über den Austritt von Flüssigkeiten und Gasen sowie den aerodynamischen Windkanal auf Anregung des amerikanischen Aeronauten Langley vom Smithsonian Institute unterstützt wurden. Es handelt sich um denselben Langley, der später dem Forschungszentrum seinen Namen geben wird, in dem – im Verlauf der fünfziger Jahre – ein Überschall-Windkanal gebaut werden wird, der in der Lage ist, 16 MACH zu erreichen; der Windkanal, in dem die meisten der Geräte geprüft werden, die – diesmal – für die »Eroberung des Raumes« notwendig sind. Noch heute werden die Arbeiten von Graeme Ferguson, dem Erfinder des IMAX/OMNIMAX-Systems (Regisseur unter anderem des hemisphärischen Films *The dream is alive*), gemeinschaftlich von der

NASA und ebendiesem Smithsonian Institute, das einst den Pionier der Chronophotographie subventionierte, finanziert.

Schließlich hat der Streit über den Ursprung des Kinos, der unerhörterweise allein den Brüdern Lumière zuerkannt wird, dazu geführt, diese Wechselbeziehung zwischen der Erfindung des Kinematographen und der Luftfahrt zuerst zu verwischen und dann völlig verschwinden zu lassen. Eine nichtsdestoweniger aufschlußreiche Koinzidenz existiert zwischen der Erfindung des *kinematographischen Abdrehens* der Sequenzen, der filmischen Schwerelosigkeit der Bilder des Photogramms und der Erfindung eines *kinematischen Abdrehens* aus der Luft, diesmal der Beginn einer tatsächlichen Schwerelosigkeit, die sich im Aufsteigen eines Menschen an Bord einer *motorbetriebenen* Maschine zeigt und die dazu in der Lage ist, ihm die beliebige Veränderung der Aufnahmen der Luftsequenzen zu ermöglichen.

Man wird bis zu den Kriegsjahren 1914-1918 warten müssen, damit die Notwendigkeiten der strategischen Beobachtung erneut das zusammenführen, was in einem so unnützen, vorrangig akademischen Streit mißbräuchlich voneinander getrennt wurde: der kinematographische Aufnahmeapparat – *die Kamera* – und der kinematische Aufnahmeapparat – *das Flugzeug*. Diese Mischung, gebildet aus dem Luftfahrtvehikel und der an Bord mitgeführten Kamera, verwirklichen ein *Modell panoramatischer Apperzeption*, die erste Form intensiver Nutzung einer neuen Energie, für die die Television und dann die Telematik deren spätere Entwicklung bis zum Erreichen der bekannten, augenblicklichen orbitalen Wahrnehmung sicherstellen werden. Erinnern wir außerdem daran, daß Vladimir Zworykin, der Erfinder des »Ikonoskops«, der ersten Bezeichnung des elektronischen Fernsehens, im Jahre 1933 dieses Ikonoskop nicht als ein Massen-Kommunikationsmittel vorstellte, sondern gerade als ein Mittel zur Vergrößerung der Reichweite des menschlichen Blickes, wobei er selbst so weit ging, die Anbringung einer Kamera auf einer Rakete zur Beobachtung des Universums vorherzusehen . . .

Am Ende seines Lebens, desillusioniert und gebrechlich, erklärte der ehemalige Beobachtungsflieger des Ersten Weltkrieges, der Filmemacher Jean Renoir, seinem Sekretär: »Schieb meinen Rollstuhl, ich bin wie eine Kamera, die in Zeitlupe dreht.«

Letztlich ist jeder Fortschritt der Transportmittel kaum mehr als der Aufschwung des Sitzes, seine Emanzipation. Erinnern wir noch an die Entstehung des Heimtrainers, diese Entsprechung des alten »Holzpferdes« der Reiter, wo man auf einem beweglichen Rahmen, der die Bewegungen eines Doppeldeckers simulierte, zu fliegen lernte. Nach 1914, mit den neuen Bewegungsmöglichkeiten der Flugzeuge und der damit verbundenen Notwendigkeit der Verbesserung der Reaktionen der Flieger, kam das Zeitalter der ersten wissenschaftlichen Versuche über den Zustand der Schwerelosigkeit: »Im Jahre 1918 wurde Doktor Garsaux, damals der einzige der technischen Abteilung der Luftfahrt zugeordnete Mediziner, auf die Bitte von Louis Blériot hin mit der Aufgabe betraut, innerhalb von acht Tagen *die für den Menschen erträglichen Grenzen der Beschleunigung* zu bestimmen. Die Herzspezialisten erklärten sich für nicht zuständig. Der Direktor der Hochschule für Bergbau antwortete, daß hinsichtlich der Beschleunigung der Förderkörbe beispielsweise keinerlei Beschränkung vorgesehen sei. Professor Broca erklärte sich bereit, in einer Zentrifuge solche Hunde den Versuchen auszusetzen, die

Professor Lapicque ihm zur Verfügung stellte. In diesen Zusammenhang läßt sich ein amüsantes Detail einordnen, die Entdeckung der Zentrifuge nämlich: »Eine drehende Plattform vor Augen, die es im Luna-Park unter dem Namen ›Futterkrippe‹ gab und die sechs Meter im Durchmesser maß, machten wir uns daran, sie zu erwerben«; sie wurde dann von der Forschergruppe des Pioniers erstanden. Doktor Garsaux erklärt: »Die ersten Tiere wurden also in einer Schleuder für Sprengstoffabriken von 1,50 Meter Durchmesser den Versuchen ausgesetzt. Man konnte jedenfalls die Erkenntnis gewinnen, daß die Hunde 30 g aushielten und erst zwischen 84 und 97 g starben, je nach ihrer Stellung zur Rotationsachse.«[6]

In dieser originellen Beschreibung finden wir die Berufung auf das Experimentieren der »Jahrmarktsberufe« wieder, mit der Weiterentwicklung des Drehsitzes, des *Drehstuhls* und der *Zentrifuge*, den Modellen für mechanische Simulatoren für die entstehende Fliegerei und bald schon für die Forschung der Überschallvehikel sowie der außeratmosphärischen Vehikel.

In der Folge wurden diese Forschungen in Holland von Jongbloed und Noyons fortgeführt. In Deutschland von Koenel, Rankel und Diringshofen, und schließlich in den Vereinigten Staaten von Armstrong und Heim, wo sie in die Untersuchung der durch die Überschreitung der verschiedenen Beschleunigungsgrenzen hervorgerufenen physiologischen Probleme wie Schallmauer, Hitzemauer usw. einmündeten.

»1957 befand sich die leistungsstärkste und modernste, von der Marine gebaute Zentrifuge in Johnsville (Pennsylvania). Die Übungsgondel war an einen 15 m langen Arm montiert, den der Motor nahezu direkt aus dem Stand auf 75 m pro Sekunde beschleunigen konnte. Darüber hinaus konnte die Gondel in beinahe jeden beliebigen Winkel gebracht werden, und ein in die Positionssteuerung eingebauter Kurvenscheibensatz ermöglichte es, starke oder schwache, schnelle oder langsame Stöße auf die Gondel zu übertragen, um die Bewegungen eines manövrierunfähigen, einer starken Beschleunigung ausgesetzten Flugzeugs nachzuahmen (...). Anfänglich«, so fährt der Pilot Scott Grossfield, der Verfasser dieses Augenzeugenberichts, fort, »*bauten die Ingenieure das komplette Cockpit einer X 15 in die Gondel ein*, dann hatten sie die Idee, die Zentrifuge an einen elektrischen Umschalter anzuschließen, der die Einstellungen des zentralen Zapfens auf die Bildschirme des Instrumentenbretts übertrug. So hatte man die Möglichkeit, das ›Flugzeug‹ nicht nur nach den tatsächlichen Angaben der Instrumente ›zu steuern‹, sondern auch, indem man *eine ganze Reihe theoretischer Beschleunigungen berücksichtigte.* Wenn die Beschleunigung sich dem Maximum näherte, das die Anlage aushielt – ein Wert von 9 und selbst 10 g –, wurde ich ohnmächtig, der Kopf war auf die Seite gefallen, die Augen verdreht, die Haut des Gesichts grotesk verzerrt. *Alle Versuche wurden mit Hilfe einer in der Gondel eingebauten automatischen Kamera gefilmt.*«[7]

Von der venetianischen Gondel Eugène Promios, dem Adepten des »beweglichen Kinos« der Anfänge, bis zur Zentrifuge der amerikanischen Marine sechzig Jahre später, einem Travelling, bei dem es nicht mehr die Ufer sind, die am Boot vorbeigleiten, sondern die Falten eines verzerrten Gesichts, hat das Vehikel und seine Sicht eine Wandlung durchgemacht. Neben dem *Teilchenbeschleuniger*, dessen Funktion darin besteht, die elementaren Bestandteile der Materie auf einem Bildschirm sichtbar werden zu lassen, ist die Zentrifuge ihrerseits Ausdruck eines entsprechenden Bemühens, desjenigen nämlich, in den Gesichtszügen eines Passagiers die äußersten Grenzen des Bewußtseins in Erscheinung treten zu lassen, und das bis zur Bewußtlosigkeit.

Lange vor einer solchen Anlage – einem Zyklotron für einen einzigen Menschen – hatte indessen der Oberst-Mediziner J. P. Stapp, ein Spezialist für die physiologischen Auswirkungen des Herausschleuderns in Überschallgeschwindigkeiten in großer Höhe, in der Wüste von Mojave, auf der Basis von Edwards, einen Schlitten auf Schienen installiert, der von einem Raketenaggregat angetrieben wurde, das eine furchteinflößende Beschleunigung an ihn weitergab, sobald die Zündung erfolgte: *er legte in wenigen Sekunden eine Strecke von mehr als 1600 m mit mehr als 1000 Stundenkilometern zurück.* Am Ziel angekommen, wenn man so sagen kann, versank der Düsenschlitten im Wasser, wobei er einer ebenso verheerenden negativen Beschleunigung unterlag. Dies geschah, wir erinnern daran, um die zukünftigen *Schleudersitze* zu erproben . . .

Man sieht also, *das Vehikel für die schnelle Bewegung, das heißt, die Bewegung nach nirgendwo*, besitzt zahlreiche Vorgänger auf den Jahrmärkten, in den Freizeitparks und in den Schulungszentren der aeronautischen und astronautischen Levitation. Neben dem gegenwärtigen *hot rodder*, dem Anhänger des Dragster, stellt auch der wirklich große Experimentator der Erprobung der menschlichen Grenzen, vor allem aber der des Gesichts des aus bestimmten Geräten herausgeschleuderten Wesens, jener Oberst Stapp, eine wichtige Persönlichkeit dar für diese zweite »Transportmittelrevolution«, die uns vom Zeitalter des automobilen, dynamischen Vehikels zum Zeitalter des audiovisuellen, statischen Vehikels führt. Die Simulatoren für das theoretische Fahren werden künftig im Raumfahrtpark von Huntsville (Alabama) wie anderswo diese Folterinstrumente verdrängen, die den Verhören der Gemarterten im Mittelalter zur Ehre gereichen.

Vom kreisförmigen Beschleuniger für Piloten, der vom Doktor Garsaux beschrieben wurde, über den linearen Beschleuniger von Doktor Stapp, bis zur riesigen Zentrifuge der NASA, mit der fünfzig Jahre später die Astronauten auf die Eroberung des Mondes vorbereitet werden, haben die Untersuchungen zu den Auswirkungen der *theoretischen Beschleunigung* unaufhörlich Fortschritte gemacht und dabei mit dem Wesen des Vehikels das des Mobiliars grundlegend verändert: Schaukelstuhl und Drehstuhl führten über den Umweg des Kreiselsessels zur Zentrifuge zuerst der Piloten, dann der Astronauten . . ., der Rollstuhl führt zur häuslichen Automobilität der Privatpersonen . . ., zum Schleudersitz der Überschallflugzeuge und schließlich zum *Sitz hoher Absorption kinetischer Energie* für die Notlandungen von Hubschraubern . . .

So viele Veränderungen eines zunehmend autonomen Mobiliars, das sich heute gerade mit dem »Gravitationssitz« vor den Anzeigegeräten der aktiven Optik der graphikfähigen Computer vervollkommnet, diesem *Sitz hoher Absorption kinetischer Energie* der Flugsimulatoren, die zum Zwecke des Szenenrealismus durch die Verwendung von Antigravitationsverbindungen mechanische Bewegungen geringer Amplitude mit verstärkten pneumatischen Effekten für den Versuchspiloten kombinieren, um die Unbeweglichkeit der Projektionssphären der Luftkampfsimulatoren zu kompensieren.

»Das Kino, das sind zunächst einmal Lehnstühle mit Leuten darin«, erklärte Alfred Hitchcock . . . Vergessen wir nicht, daß die zeitgleich mit der Erfindung des Kinematographen stattfindende »Eroberung der Lüfte« zu Beginn des Jahrhunderts zunächst die eines außergewöhnlichen Schauspiels war, einer Allgegenwart, die gebunden war an die gemeinschaftliche Entwicklung der Maschinen, dazu bestimmt, *die Luft zu nehmen* (Ballon, Flugzeug, Rakete . . .), und der verschiedenen Apparate für (photographische, kinematographische, Video- und Computergraphik-)*Aufnahmen*, bis hin zu dieser jüngsten »Eroberung des außeratmosphärischen Raumes«, die letztlich nichts anderes ist als die Eroberung der Zeit, der Zeit, die bleibt: *die Eroberung einer televisuellen Augenblicklichkeit, die notwendige Ergänzung der astronautischen Allgegenwart.* Da, wo der erste Überflug des Aufnahme-Apparates die Eroberung der dritten Dimension des Schauspiels der Welt bildete, war der Aufschwung der Raumfahrzeuge und anderer Mittel der direkten Fernübertragung ihrerseits in der Tat die Verwirklichung der Eroberung der vierten Dimension, die die Bewegungslosigkeit des beherrschenden Blickpunktes vollendet.

Orbitale Blockade, der Belagerungszustand eines Planeten, einer streng überwachten und künftig in der Zeit begrenzten Erdkugel durch die direkte Interaktion der »Telekommunikation«, eine andere Bezeichnung für dieses plötzliche Durcheinander von nah und fern, innen und außen, die *mediale Untrennbarkeit*, die nachhaltig Auswirkungen auf das Wesen des Immobilen hat, auf die Gestalt der Bewegungslosigkeit und folglich auf die morphologische Stabilität des Wirklichen.

Wenn uns heute ein Fachmann für Spezialeffekte im Fernsehen erklärt: »Je mehr Bilder es zu sehen gibt, um so weniger sieht man. Wir sind keine Fliegen«, dann setzt er uns, allerdings ein wenig spät, über die Unmäßigkeiten der audiovisuellen Regie und die daraus folgende Blindheit in Kenntnis, aber er scheint dabei zu vergessen, daß die aktive Optik uns nicht mehr dazu bestimmt, »Fernsehzuschauer« zu werden – die Sache ist erledigt! –, sondern dazu, ein Film, eine Fernsehsendung zu werden, anders ausgedrückt, schwerelose Wesen, deren Schicksal als unsichtbare Wesen ebenso rätselhaft ist wie das ihrer »letzten Ruhestätte«, eine andere mögliche Bezeichnung für dieses *letzte Vehikel*, das zur Besiedlung einer endgültigen Niederlassung, einer vollkommenen Seßhaftigkeit bestimmt ist: die bewegungslose Abgeschiedenheit des Ortes, aller geographischen Orte, die aus jeden von uns den *Teleakteur* macht, den Bewohner einer Zeit, die weniger diejenige der Uhren und Kalender sein wird, als diejenige der *Realzeit*, die wahrer ist als die Natur, die uns augenblicklich aus dem Raum verbannt, aus diesem sehr wirklichen Raum, der gestern noch das Innen vom Außen trennte, das Zentrum von der Peripherie, so wie die Langzeiten es ermöglichten, die Ursache von der Wirkung zu unterscheiden. Genau das ist *die Kontrolle der Umwelt.*

Bereits der Alkoven, das *Schrank-Bett* der Bretonen oder der Bewohner der Auvergne kündigten das *Kapsel-Hotel Kotobuki* von Osaka mit seinen Zellenzimmern von 3 qm an, in denen man nicht mehr aufrecht stehen kann, die aber im Gegensatz dazu mit einem eingebauten Fernseher und Telefon ausgestattet sind . . .

Diese Einbüchsung der Nacht fand auf diesem Wege zum Archetypus der Camera obscura und ihres kleinen Lochs zurück. Im Umkreis der Träume verschloß sich die Architektur plötzlich wieder dergestalt, daß sie sich der Bettwäsche anglich.

Heute nimmt die Industrialisierung der Telekommunikation dieses Thema wieder auf: Die letzte Ruhestatt beschränkt sich unter unseren Augen darauf, nicht mehr zu sein als ein blindes Cockpit für die Wachträume einer Bevölkerung von Schlafwandlern.

Genauso wie die Grabkammer des Tumulus mit ihrem auf das einfallende Licht der Wintersonnenwende geöffneten kleinen Fenster das optische Prinzip der gelenkten Strahlung eingeleitet hatte, die zur *Camera obscura* der Perspektivisten der Renaissance führte und eine neue Darstellung der Welt hervorrief, die uns zunächst zur passiven Optik der Linsen führte und dann, seit neuestem, zur *aktiven Optik* der Video-Informatik, die aus dem megalithischen Grab einen Ahn unserer »Aufnahme-Kameras« macht, auf eben diese Art verweist uns die Kapsel des Architekten Kurokawa auf den Mythos der Camera obscura.

In der Tat wird das Bild, das seit langem schon das Material der Konzeption des architektonischen »Projekts« war, im Augenblick das Material der Konstruktion des »Endprodukts« selbst, mit diesem bald anerkannten und akzeptierten Vorrang des Interfaces der Bildschirme gegenüber der Oberfläche der Mauern.

Hinter diesem Ereignis, oder eher: hinter diesem Aufkommen einer neuen architektonischen Ordnung erahnt man zwar leicht die nächsten Veränderungen des Fensters[8], aber noch gründlicher erahnt man diejenigen, die es früher oder später nicht versäumen werden, Auswirkungen auf die Türöffnung zu haben, diese Schwelle des obligaten Überschreitens, die den Innenraum erzeugte (und noch erzeugt), die den Plan, die Aufteilung der Gebäudevolumen programmierte, müßte man jetzt sagen. Wenn man an die Grenze gelangt, an die Grenze zwischen den Dingen, dann stürzt tatsächlich alles in sich zusammen oder löst sich augenblicklich im größten Durcheinander auf. Angefangen bei der klaren Unterscheidung von *innen* und *außen* und also notwendigerweise bei der bislang wesentlichen Unterscheidung der Begriffe von *Eingang* und *Ausgang* ... Alles, was die architektonische Notwendigkeit der *Tür* beinhaltete, aber auch, in diesem Falle auf der urbanistischen Ebene, die des *Hafens* und des *Flughafens*, verschwindet vor dem Auftauchen des *Telehafens*, der »Übertragungsmaschine« von Bild und Ton auf der Ebene einer Nation, einer *Architektur des Zeitalters der allgemeinen*

Ankunft, die heute ebenso aufschlußreich ist, wie es der *Bahnhof* im Zeitalter der Eisenbahn war oder die *Garage* in dem des Automobils.

So wiederholt am Ende des Jahrhunderts, das die zweite Transportmittelrevolution eröffnet hatte, der *Transport auf-der-Stelle*, die elektronische Beleuchtung der Kameras spiegelbildlich die Folgen der Elektrifizierung der Städte und des Landes zu Beginn des Jahrhunderts, indem es die Wohnung für ein neues künstliches Licht öffnet, für einen »elektronischen« Tag, der das elektrische Licht verdrängt, so wie dieses einst den Sonnenaufgang verdrängt hatte.

Die Eigenschaften der aktiven Optik (der Elektronik und – in Zukunft – der Photonen) betreffen nicht mehr wesentlich die Funktion der Beleuchtung, anders ausgedrückt: die Auflösung der Dunkelheit, sondern dieses Mal *die Auflösung des Hindernisses der Ausdehnung*, die unermeßliche Weite eines bestimmten Territoriums, wobei sie die Öffnung des Bildschirms zur Folge haben, nicht mehr, um allein das »Fenster« auf die Weise zu ersetzen, wie es vor der aktiven Optik die Petroleumlampe, dann die elektrische Lampe Edisons tat, sondern um künftig die »Tür« zu ersetzen, indem sie das Wesen der Immobilien selbst revolutioniert.

In dem Augenblick, in dem man die Anfänge der *häuslichen Bildschirmarbeit* in die Wege leitet, in dem man vorschlägt, sich weit entfernt voneinander im Rahmen einer *Telekonferenz* zu versammeln, wohnt man bezeichnenderweise gleichzeitig einer Veränderung des Strafvollzugs bei: So besteht etwa das erklärte Ziel der Ausstattung der Gefängniszellen mit Fernsehgeräten, die in Frankreich seit 1968 zu beobachten ist, darin, das »Trennungssyndrom« zu bekämpfen, vor allem aber darin, den übermäßigen Konsum von Psychopharmaka zu verhindern . . . Letztlich wenig analysiert, stellt diese plötzliche Entscheidung, nicht mehr nur in den Gemeinschaftsräumen, sondern in den Zellen der Inhaftierten selbst Fernsehgeräte aufzustellen, wohl eine charakteristische Veränderung dar. Seit Bentham war man tatsächlich damit vertraut, das Gefängnis mit dem berühmten Panoptikum zu identifizieren, mit dieser zentralen Überwachung, bei der die Gefangenen immer *im Blick* sind, im Blickfeld ihrer Bewacher.

Künftig können die Inhaftierten ihrerseits die Nachrichten überwachen, die im Fernsehen gesendeten Ereignisse; wenn man diese zu offensichtliche Feststellung nicht umkehrt, um darauf hinzuweisen, daß, sobald die Fernsehzuschauer ihr Empfangsgerät anschalten, sie es sind, ob Gefangene oder nicht, die sich *im Fernsehfeld* befinden, ein Wahrnehmungsfeld, über das sie selbstverständlich keinerlei Macht haben, es sei denn die, es zu unterbrechen ... Einige jüngst von den Verantwortlichen der privaten Fernsehanstalten durchgeführte Untersuchungen bestätigen diese Umkehrung der Auffassung. Im Gegensatz zur Praxis der öffentlichen Einrichtungen wird es für die Auftraggeber von Werbesendungen tatsächlich notwendig *zu wissen, wer was sieht*, da Umfragen zu sehr auf reinem Zufall beruhen. Die Engländer haben in Oxford folgendes Experiment durchgeführt: Ohne Wissen der Bewohner haben sie versteckte Kameras in einigen Wohnungen angebracht ..., da die Ergebnisse noch zu ungenau waren, untersuchen sie nun ein (mit dem Fernsehempfänger gekoppeltes) *eyetracked*-System, das auf die Retina abgestimmt ist und die Blicke der Fernsehzuschauer in jedem Augenblick der Sendung, Minute für Minute, einfängt.

Im Zusammenhang des elektronischen Hausarrestes, das klinische Syndrom einer sich vergrößernden Bewegungslosigkeit, die zur Herrschaft des statischen Vehikels führt, können wir noch eine andere Neuerung feststellen: Im Staate New York tragen bereits sechs Strafgefangene die elektronischen *Transponder*-Überwachungsarmbänder, inhaftiert in den geschlossenen Kreisen der häuslichen Fernüberwachungsnetze, *eingesperrt in ihren eigenen Wohnungen*; die Polizei kontrolliert ihre geringsten Bewegungen auf einem Bildschirm. Wenn diese Gefangenen, Ent-Isolierte einer neuen Art[9], sich zu weit von ihrem Wohnungs-Gefängnis entfernen, wird augenblicklich ein Signal an die *radio-tracking*-Station gesendet, die ihnen unablässig folgt. Wie ihre Initiatoren erklären, ermöglicht es dieses Gefängnis zu Hause, die Überbelegung der Gefängnisse nicht noch zu vergrößern und folglich die zu befürchtende Privatisierung der Haftanstalten zu verhindern, denn indem ihre Inhaftierung *öffentlich*(!) bleibt, sind die Gefangenen des Gefängnisses entledigt. Versehen mit diesem – wie einst die Eisenkugel der Zuchthäusler – am Knöchel befestigten Reif, kann der Häftling seine Einkäufe erledigen, von seiner Wohnung aus seine normale Arbeitsstelle aufsuchen, unter der Bedingung, *ein von den Richtern vorab bestimmtes Bewegungsfeld* nicht zu verlassen . . .

Hier finden wir also das Panoptikum von Bentham nicht mehr im Gefängnis, sondern in der Wohnung, in der Stadt, im gesamten Bezirk; denn diese an einige Argos-Satelliten gekoppelte Art von *»Notruf«* wurde vor etwas mehr als einem Jahrzehnt am Polarkreis erprobt, um die Wanderbewegungen der Eisbären verfolgen zu können. In größerer Nähe zu uns, im Wald von Chinzé im Departement Deux-Sèvres, unweit vom Marais Poitevin, gibt es gleichfalls eine *radio-tracking*-Station des CNRS[10], die ununterbrochen das Tag- und Nachtverhalten der lokalen Fauna beobachtet . . .

»Überwachen und Strafen« schrieb einst Michel Foucault . . .: Um welche Bestrafung handelt es sich bei dieser imaginären Entlassung der Häftlinge? Es besteht kein Zweifel daran, daß sich diese Art der »medialen Ghettoisierung«, die elektronische Apartheid nicht auf den Bereich des Strafvollzugs und den militärischen Bereich (die Sensoren des elektronischen Schlachtfeldes) beschränkt. Man findet sie ebenfalls in der Wirtschaft vor, mit der Automatisierung der Produktion, den *gewerkschaftlichen Televerhandlungen*[11], und vor allem – auf eine allgemeinere Art – in der Entwicklungsform der »post-industriellen« städtebaulichen Entwicklung.

Die Veränderung der gewohnten Begriffe von Raum und Zeit hat in der Tat zu einer Erweiterung des Prinzips der Relativität auf den alten Begriff der Fläche, der *Oberfläche* geführt, die zu seiner Ersetzung durch den Begriff des *Interface* führte, ein zu gering geachteter Begriff, der doch die Fläche in seiner medialen Beziehung herstellt und aus dieser ein »Gegenüber«, ein »Visavis« macht. Jede Fläche, wie groß sie auch sein mag, ob winzig oder riesig, wird künftig nur noch durch ihre Beziehung zur Beobachtung, zum Blickpunkt eines beliebigen Beobachters objektive Existenz besitzen.

Es ist also nicht mehr eigentlich der Gebrauch, der den Raum kennzeichnet, sondern im wesentlichen das Bild, die *Übersicht.*

Was vorher eine legitime Praxis in der Astronomie und in der Astrophysik (wie in der Mikrophysik) war, wird es *hier unten* gleichfalls . . . Wie wird es sein, *wenn wir selbst zu Filmen, zu Fernsehsendungen in der Wohnung weit entfernter Gesprächspartner geworden sein werden?*

Da, wo die Realzeit der Direktübertragungen sich gegen den realen Raum einer Landschaft durchsetzt, eines real durchquerten Landes, da, wo sich konsequenterweise *das Bild gegen das physisch präsente Ding und Wesen durchsetzt*, löst die indirekte Beleuchtung des elektronischen Bildes die direkte Beleuchtung der Elektrizität ab. Sind unsere Licht-Städte seit kurzem nicht weniger durch ihr Neonlicht, ihre

Straßenlaternen beleuchtet als durch die Installierung von Kameras an öffentlichen Orten, an Kreuzungen, Avenuen? Mit der Installierung von »Kabeln mit optischen Fasern« werden die automatische Kamera und ihr Monitor bald die Elektrifizierung verdrängen: Um zu sehen, wird man sich nicht mehr damit begnügen, die Nacht aufzulösen, die Dunkelheit draußen, man wird ebenfalls die Zeiträume, die Entfernungen, das *Außen selbst* auflösen. Hieraus erklärt sich der unmerkliche Untergang der Schwelle, dieser »Tür«, die den Zutritt zur Innenarchitektur gewährte.

Machen wir in ebendiesem Zusammenhang geophysischer Retention, der prämonitorischen Miniaturisierung der Orte noch auf ein anderes Projekt aufmerksam, das gerade am Fuß der Santa-Catalina-Berge in Arizona verwirklicht wird: das Projekt BIOSPHÄRE II[12]. Entsprechend dem weiter oben beschriebenen israelischen Vorhaben bezüglich der Gestaltung der Insel Tristan besteht das Ziel dieses Projekts von Edward Bass darin, bis 1990 einen Mikrokosmos aufgebaut zu haben, der von acht Personen, Männern und Frauen, bewohnt werden soll, die für eine Dauer von zwei Jahren vollkommen abgeschlossen von der Welt, fast bis zur Schwerelosigkeit hin, die Lebensbedingungen einer Siedlung simulieren, die auf einem Planeten ohne Atmosphäre abgesetzt wurde, bzw. solche Lebensbedingungen simulieren, die nach einer Atomkatastrophe auf der Erde herrschen würden ... Auf der Größe von etwa einem Hektar umfaßt das Ökosystem: zwei Miniozeane, einen verkleinerten tropischen Wald, eine Lagune, Sümpfe und eine Wüste. Dies alles überragend, beherbergt eine halbkreisförmige Kuppel die Wohnungen und die Ausrüstungen der »Biosphären-Bewohner«. Die Unterstützung der Außenwelt für diese »freiwilligen Schiffbrüchigen« der Erde beschränke sich, sagt man, auf die Sonnenenergie und Nachrichtentechniken.

Mehrere offizielle Organisationen, unter anderem die NASA sowie das Smithsonian Institute in Washington, beteiligen sich an diesem Experiment zum häuslichen Seßhaftmachen. Wie es auch die kanadische Architektin Margaret Augustine, Leiterin des Projekts, formuliert: »BIOSPHÄRE II *wird ein Werkzeug zur Erforschung der unterschiedlichen Überwachungsmethoden der Umwelt sein.«* Anders ausgedrückt, ein Analyseinstrument der Voraussetzungen für die Möglichkeit der Isolierung des Individuums, die vollkommen der der Behinderten, der Inhaftierten ähnelt, und – merken wir es an – dies genau in dem Augenblick, in dem man namentlich in Europa beabsichtigt, die Gefängnisse aufzulösen und die stark Körperbehinderten, die Querschnittsgelähmten oder die Arm- und Beingelähmten zu Hause zu behandeln ...

»Monk's House«, das Haus von Virginia Woolf, war für sie das »Schiff«, das Vehikel einer bewegungslosen Fahrt. Während der dreißiger Jahre war das Passagierschiff für Le Corbusier und einige andere noch das Modell für die »Wohneinheit«; die Kabine des transatlantischen Flugzeugs wurde kurz nach dem Krieg der Prototyp für die Haushaltseinrichtung ... Künftig ist die Metapher überholt. Mit der Revolution des Transports-auf-der-Stelle sieht man neben den jeweils speziellen Räumen (Küche, Bad, Arbeitszimmer oder »Sinnesentzugskammer« für die am wenigsten Mittellosen) einen Kontrollposten erscheinen, der dazu bestimmt ist, die Warenanlieferung zu verwalten, wobei die Wohnung mit einer Instrumententafel ausgestattet wird, sogar mit einer klimatisierten Kabine, dem Cockpit der Bilder, das die Steuerungen und Fernsteuerungen miteinander verbindet, die mit Hilfe von Bewegungselementen die Reise des Hauses lenken.

3
Die kinematische Optik

> Heute ist die Relativität des Sichtbaren eine Gewißheit geworden.
>
> *Paul Klee*

Schaffung und Verfall der Zeit, der Tag bestimmt und regelt die Elastizität der Dauer; nicht nur die des Tages, der Woche, des Monats, des Jahres, sondern die der Relativität, die niemals aufhörte, das Verständnis der Zeit zu begleiten, jener Zeit der Mystiker, der Politiker, deren Spur die Geschichte, die Philosophie und die Physik aufbewahrt haben, bis hin zu den jüngsten Theorien zunächst der speziellen, dann der allgemeinen Relativität, die zur Krise des räumlichen und zeitlichen Absolutismus führen werden, der Auflösung einer Unendlichkeit »lokaler Zeiten«, die aus der Konstante der Lichtgeschwindigkeit folgen; die *Lichtgeschwindigkeit*, die nunmehr die Ausdehnung und die Dauer durch einen neuen Tag beleuchtet, denn es scheint entschieden, daß die Geschwindigkeit in dem Augenblick, in dem sie die Zeit ausdehnt, den Raum zusammenzieht.

Diese Sichtweise der physikalischen Welt, die faktisch einer allgemeinen Optik, sogar einer Ästhetik so sehr ähnelt, daß Albert Einstein einen Augenblick lang in Erwägung ziehen wird, den Begriff »Relativitätstheorie« durch den der STANDPUNKTSLEHRE (im Original deutsch) zu ersetzen, die mit der metaphysischen Lehre des Apostels Petrus übereinstimmt, der der Ansicht ist: ». . . daß ein Tag bei dem Herrn wie tausend Jahre ist und tausend Jahre wie ein Tag.«[1] Mit dem Physikgelehrten wird diese Elastizität des göttlichen Standpunktes diejenige von jedermann, so daß Einstein am Ende seines Lebens feststellen wird: »Es gibt keine wissenschaftliche Wahrheit . . .«, eine grundlegende Aussage, die, wie es scheint, den Interpretationsstreit zwischen ihm und Niels Bohr erhellt, die Bedeutung der Unschärferelation, die nunmehr nicht mehr nur die neue Physik bestimmt, sondern die Gesamtheit der Wissenschaften, woraus sich der gegenwärtige Verfall der Ethik erklärt . . .

Mit diesem dem Licht heute zugestandenen Primat, anders ausgedrückt, seiner als unüberschreitbarer »kosmologischer Horizont« wahrgenommenen Geschwindigkeit, treten wir in eine neue Ordnung der Sichtbarkeit ein, in der die Zeitlichkeit eine Veränderung erfährt: die Zeit der Chronologie und der Geschichte, *die vorübergeht*, wird ersetzt durch eine Zeit, die *sich belichtet*, die sich der absoluten Geschwindigkeit des Lichts aussetzt. Diese Abdriftung des wissenschaftlichen Absolutismus des Raums und der Zeit Newtons zu dem Einsteins, dem der Lichtgeschwindigkeit, ist in sich erhellend, »erhellend« im photographischen Sinne des Begriffs.

Die berühmte »Theorie der allgemeinen Relativität« ist also gar keine, ist zumindest nicht so allgemein, wie sie es zu sein vorgibt, und ihr Kontinuum, *ihre Raumzeit*, ist vor allem eine *Raum-Geschwindigkeit*, die die Dauer und die Ausdehnung der Materie ausschließlich zugunsten des Lichts relativiert, eines allmächtigen, allgegenwärtigen und in seiner äußersten Schnelligkeit invarianten Lichts, ein lebendiges Licht, das dem eines Bernard de Clairvaux verwandt ist, der äußert: »Das Licht nennt sich der Schatten des lebendigen Lichts.«

Mit Albert Einstein, mehr noch aber mit den Anhängern der universellen Ausdehnung, wird dieses »lebendige

Licht« die Wiederaufnahme der ontologischen Frage par excellence ermöglichen, die nach dem Anfang aller Anfänge, die *Frage nach Gott*, derer sich zu bemächtigen die zeitgenössische Physik und Astrophysik bestrebt sein werden.

Kehren wir aber zurück zu unserem gelehrten Propheten, über den Karl Popper uns mitteilt: Obwohl er während der Ausbildungsjahre an einen wissenschaftlichen Determinismus glauben konnte, sei sein Determinismus am Ende seines Lebens offen religiös oder metaphysisch gewesen.[2] Für den Physiker Einstein wie für den Theologen Bonhoeffer »ist die Zeit der Zyklus des Lichts«. Die für Kant so wichtige Ordnung der Zeit wird mit dem Vater der neuen Relativität die Ordnung der Geschwindigkeit.

Mit der Einsicht in die Vielzahl lokaler Zeiten, der Überschreitung der für Newton so wichtigen globalen Zeit, führt uns die Differentialordnung der Geschwindigkeit in eine Komplexifizierung, eine Bereicherung der drei Zeiten hinein. Künftig müssen mit der chronologischen »Bewegung«: Vergangenheit, Zukunft, Gegenwart die Phänomene der Beschleunigung und der Verlangsamung verknüpft werden, »Bewegung der Bewegung«, Geschwindigkeitsveränderungen, die den Phänomenen der Beleuchtung, der Belichtung der Ausdehnung und der Dauer der Materie durch das Tageslicht ähnlich sind, ein »Tag« allerdings, der sich kaum von dem der Metaphysiker unterscheidet. In der Tat ist die Ordnung der (absoluten) Geschwindigkeit gerade eine Ordnung des Lichts, bei der die drei klassischen Zeiten wieder dargestellt werden in einem System, das nicht mehr exakt dasjenige der Chronologie ist.

Die Zeit, nach Leibniz die *Ordnung der Abfolge*, wird mit Einstein die *Ordnung der Belichtung*, das Darstellungssystem einer physikalischen Welt, in der Zukunft, Gegenwart und

Vergangenheit miteinander verbundene Figuren der Unterbelichtung, der Belichtung und der Überbelichtung werden.

Diese Frage der Darstellung in der Physik wird im übrigen sehr bald eine große Meinungsverschiedenheit zwischen Niels Bohr und Albert Einstein hervorrufen: Für ersteren hat der Begriff der Teilchenbahnen keinen Sinn mehr oder ist wenigstens für die Quantenphysik nicht mehr brauchbar, während der andere die Vorstellung selbst einer unabhängig von jeglicher Beobachtung existierender physikalischen Realität ablehnt. Hier stößt man bei Einstein, der zusammen mit dem Architekten Mendelssohn Schöpfer des Potsdamer Observatoriums war, wieder auf die Bedeutung des Begriffs des »Standpunkts« ...

Wenn man die Bedeutung der verschiedensten Vehikel, des Zuges, der Straßenbahn, des Aufzugs in den Intuitionen Albert Einsteins kennt, dann versteht man, was der Verlust des Begriffs der Strecke, der Bahn und folglich der Geometrie, für ihn an Tragischem beinhalten konnte. Als Fortführer der ballistischen Relativität eines Galilei konnte Einstein »das der Sicht entziehen« der Quantenmechanik nicht gelten lassen.

Für ihn, wie für viele andere vor ihm, *dient die Geschwindigkeit dem Sehen.* Als qualitative Größe, als ursprüngliche Maßeinheit, die jeder anderen geometrischen Abgrenzung, jeder chronometrischen Verschlüsselung vorausgeht, *ist die Geschwindigkeit das Licht des Lichts.* Das werden die technologischen Experimente zur Anwendung der »Belichtungszeit« bestätigen, angefangen bei der Camera obscura von Niepce und Daguerre, über die Chronophotographie von Marey, bis hin zu den heutigen Elementarteilchen-Beschleunigern, die echte Teleskope des unendlich Kleinen sind. Wie ein Professor für Gravitationsphysik kürzlich erklärte: »Das beste Mittel zur direkten Untersuchung eines physikalischen Prozesses im atomaren oder subatomaren Maßstab besteht in der Verwendung eines Bündels beschleunigter Teilchen. Genauso wie man weiß, daß das Licht gleichzeitig Wellen und Teilchen (Photonen) ist, so weiß man in der Tat, daß mit jedem in Bewegung befindlichen Körper eine Welle mit der Bezeichnung ›Wahrscheinlichkeitswelle‹ verbunden ist. Es ist diese mit den beschleunigten Elektronen verbundene Welle, die die Physiker in den Elektronenmikroskopen benutzen, um – wie mit einem gewöhnlichen Licht – die kleinsten Einzelheiten der Moleküle der Materie zu sehen. Je stärker sich aber die Größe der beobachteten Phänomene verringert, um so mehr müssen Sonden mit immer geringerer Wellenlänge benutzt werden, das heißt Teilchenbündel mit immer größerer Energie!«[3]

Angefangen beim gewöhnlichen Licht der üblichen optischen Geräte (Mikroskop, Teleskop ...) bis hin zu diesem allerneuesten »außergewöhnlichen« Licht der relativistischen und probabilistischen Optik der Elektronenmikroskope, der Radioteleskope und anderer Teilchenbeschleuniger erleben wir in der Tat eine Veränderung der physikalischen Darstellung, die völlig auf die Verwirklichung einer immer kürzeren *Belichtungszeit* zurückzuführen ist (von der Sekunde bis auf das Milliardste einer Sekunde), die uns zu einem Bereich jenseits der chronologischen Abfolge führt, zu einer Ordnung der chronoskopischen, oder genauer, DROMOSKOPISCHEN Sichtbarkeit.

Die These Kants, nach der es unmöglich ist, die Zeit *direkt* zu beobachten, nach der die Zeit letztlich unsichtbar ist, fällt in sich zusammen, da die Relativität, die »Standpunktslehre« Einsteins einer Art von photographischer (oder genauer: photonischer) »Einstellung« der atomaren oder subatomaren physikalischen Welt entspricht. Wenn früher das Vorbeigehenlassen der Zeit dazu diente, die Zeit indirekt vorbeigehen zu sehen, wobei die Dauer eine fortschreitende Enthüllung der Ereignisse war, dann ist es heute mit der Einsteinschen Relativität als »Belichtung«, als allgemeine Optik, nicht mehr der fortschreitende Charakter, die Extensivität der Zeit, die dem Sehen dient, sondern der intensive Charakter, die maximale Intensität der Geschwindigkeit des Lichts, die diese Aufgabe erfüllt. Nunmehr ist das »Licht der Zeit« nicht mehr das des Sonnentages, das eines mehr oder weniger strahlenden Sterns, sondern es ist das der absoluten Geschwindigkeit der Photonen, das Wirkungsquant des Lichts, Maß und äußerste Grenze der wahrgenommenen Welt.

Der Zeit, die *vorbeigeht*, entsprach einst eine *extensive Zeit*, die der Ephemeriden und der Kalender, die die Kantsche These der Unsichtbarkeit der Zeit vollständig rechtfertigte. Der Zeit, die sich augenblicklich *belichtet*, entspricht jetzt eine *intensive Zeit*, die der Chronoskopie der »relativistischen ewigen Gegenwart«, eine integrale Optik, die der Allgegenwart und der Simultaneität des göttlichen Blickes ähnelt, TOTUM SIMUL, bei dem die aufeinanderfolgenden Augenblicke der Zeit gleichzeitig präsent sind in einer einzigen Wahrnehmung, die aus diesen aufeinanderfolgenden Augenblicken eine Landschaft von Ereignissen machen würde.[4]

Somit ist der »Tag« der allgemeinen Relativität nicht mehr der des Zyklus, der *solaren Revolution*, sondern der der *photonischen Auflösung*, einer Auflösung, die schließlich die allgemeine Lesbarkeit der Dauern, die Sichtbarkeit der Zeit ermöglichen würde, so wie die Anpassung der Augen oder die Einstellung eines hochauflösenden Objektivs die Schärfe einer Momentaufnahme vergrößert.

Die Hilflosigkeit des deutschen Gelehrten gegenüber dem Beginn der Quantenphysik ist jetzt besser zu verstehen. Er, der unaufhörlich eine Ästhetik der relativistischen

Darstellung des Kosmos erarbeitete, sah sich plötzlich mit ihrem Gegenteil konfrontiert, einer Ästhetik des quantischen Verschwindens, die für das Licht das war, was die Antimaterie Diracs schon für die Materie war, ein dem Blick Entziehen nämlich, ein »Antilicht«, bei dem zusammen mit der Geometrie der Elementarteilchen-Bahnen sein berühmtes vierdimensionales Kontinuum verschwamm. Die Heisenbergsche Unschärferelation, die die Quantenmechanik voraussetzte, führte in der Tat zu einer Art von Diskontinuum, bei dem die Anzahl der Dimensionen sich unaufhörlich vergrößerte, [5] fluktuierte, und Niels Bohr sollte schließlich mit Bestimmtheit erklären: »Man muß in hohem Maße auf eine Beschreibung im Raum und in der Zeit verzichten ... Der Wunsch nach einer intuitiven Darstellung, die den Bildern im Raum und in der Zeit entspricht, ist nicht gerechtfertigt.« (1927)

Indem sie somit den Zustand eines unabhängig von der Beobachtung existierenden Objekts zu etwas Überholtem machte, führte die Quantentheorie zum großen Mißfallen von Einstein zu einem Verbot der Darstellung und folglich zu der Notwendigkeit des Verzichts auf die traditionellen Konzepte von Raum, Zeit und Kausalität.

Da die untersuchten »Objekte« nicht mehr als reale Objekte angesehen wurden, sondern – nach Aussage von Heisenberg selbst – als »Objekt-Subjekte«, *führte das Prinzip der Indetermination zum Verzicht auf das Realitätsprinzips* ... Wenn die Quantenphänomene sich nicht mehr in der relativistischen Raumzeit ereignen, dann tatsächlich deshalb, weil sie sich nicht mehr in irgendeine Ordnung der Abfolge oder der raumzeitlichen Position einschreiben, sondern ausschließlich in eine ultra-relativistische (augenblickliche) Ordnung der Belichtung, in die Spuren der Aufnahmestudios der Beschleunigungsringe des Europäischen Kernforschungszentrums (CERN) oder anderswo, experimentelle Halluzinationen, bei denen der Physiker gewissermaßen mit jemandem vergleichbar ist, der sich mit der Beobachtung, der Zählung der Lichtsignale zufriedengäbe, die ihn nachts erreichen, während er es ablehnt zu glauben, daß es da jemand anderen gibt, der die Lampe bedient, oder besser, daß es keine elektrische Lampe gibt und daß das Licht, das er sieht, kein fernes Leuchten ist, sondern ein Blenden, ein Quantentaumel, eine reine Offenbarung des Jenseits!

Hieraus erklärt sich die Suche nach den großen Energien, der Bau von riesigen Beschleunigern wie dem LEP, einem Kollisionsring von siebenundzwanzig Kilometern Umfang im Europäischen Kernforschungszentrum in Genf (CERN), des SLAC, dem linearen Beschleuniger von Stanford in Kalifornien, oder der Vorschlag einiger über den Rückstand des Experimentierens gegenüber der Theorie besorgter Physiker: *einen Teilchenbeschleuniger zu bauen, der um die Erde reichen würde, sogar einen Teilchenbeschleuniger im die Erde umgebenden Raum zu bauen*, um die Helligkeit der Lichtgeschwindigkeit noch zu vergrößern! Beginn eines subliminalen Tages, der keine Gemeinsamkeiten mit dem Lauf der Sonne von ihrem Aufgang bis zum Untergang aufweist, Beginn einer Dauer ohne Dauer, einer intensiven Zeit, die dazu in der Lage ist, die extensive Zeit der Kalender und der Geschichte zu verdrängen.

»Die vollkommene Objektivität der Raumzeit und die ihres Inhalts an makroskopischen Ereignissen ist sehr wahrscheinlich illusorisch, ganz so wie Objektivität, die man bemüht ist, auf das Wahrscheinlichkeitskonzept in seiner geläufigsten Form zurückzuführen. In Wahrheit sind weder ›die Raumzeit‹ noch die ›Wahrscheinlichkeit‹ gänzlich objektiv, noch sind sie gänzlich subjektiv, wobei sie untrennbar beides sind«[6], erklärt uns O. Costa de Beauregard.

Diese ernüchterte Betrachtung ausweitend, führt er dann die Vorstellung einer STEREO-RÄUMLICHKEIT ein, deren Oberflächengestalt schließlich den Interpretationsstreit um den Kosmos zwischen der Quantenphysik und der Einsteinschen Relativität lösen soll: auf der einen Seite der EXORAUM, die gewohnte Raum-Zeit der makroskopischen Ereignisse, auf der anderen Seite der ENDORAUM der mikroskopischen Quantenereignisse. Wie steht es hier mit dem Begriff der *physikalischen Größen*, der Dimensionen des Kosmos? Denn, daran sei erinnert, der Begriff der Energie ersetzt nunmehr den der Entfernung, wobei vorausgesetzt ist, daß diese beiden Quantitäten durch die Heisenbergsche Unschärferelation miteinander verbunden sind . . .

Muß man hierunter verstehen, daß es neben der von Costa de Beauregard vorgeschlagenen *doppelten Räumlichkeit* Platz für eine *doppelte Zeitlichkeit* gibt, ein unendlich Kleines und ein unendlich Großes der Zeit?

Wenn dies der Fall wäre, würde sich der intuitive Begriff einer Dauer ohne Dauer, einer diesseits der Einsteinschen Raum-Zeit situierten Zeit der Intensität erhellen, und die Suche in der Mikrophysik nach Elementarteilchen, nach Milliardsten von Sekunden (Nanosekunde, Pikosekunde und Femtosekunde . . .) würde einen neuen Sinn bekommen, einen im Verhältnis zu demjenigen des gegenwärtigen Versuchs zeitlicher Regression, die berühmte astrophysikalische Suche nach den ersten Augenblicken des Universums umgekehrten und entgegengesetzten Sinn.

Diese Frage scheinbar bestätigend, erklären einige Wissenschaftler: »Den Ursprung des Universums in dieser Perspektive zu verstehen, das bedeutet die Instabilität eines ursprünglichen ›Quantennichts‹ zu verstehen. Vor fünfzehn Milliarden Jahren wäre das Universum also aus einem ›Nichts‹ entstanden, und unsere universelle Uhr hätte zu schlagen begonnen, aber die Zeit, die diese Uhr definiert, die Zeit, die im *gekrümmten* Horizont verrinnt, ist nicht die mit der *flachen* Raumzeit verbundene Zeit der ursprünglichen Leere. Wie im Falle des Schwarzen Lochs ist das Verhältnis zwischen diesen beiden Zeiten singulär und zieht eine paradoxe Schlußfolgerung nach sich: »Das Universum würde seit einer endlichen Zeit bestehen, und es wäre entstanden aus dem Quantennichts, ausgehend von einer unendlichen Zeit.«[7]

Tatsächlich verändert die Einsicht in ein unendlich »Kleines« der Dauer, wie sie die Experimente zur intensiven Beschleunigung anscheinend ermöglichen, unsere Wahrnehmung der Zeitlichkeit: *die Suche nach der absoluten Intensität der Zeit dreht die Wirklichkeit wie einen Handschuh um.* Die Maßeinheit der Dauer ist nicht mehr wirklich »die Dauer«, sondern paradoxerweise die unendliche und konstante Vertiefung des »Augenblicks«; der Ursprung des Universums scheint in Reichweite der Instrumente, jedenfalls in der des kommenden Raumteleskops, während das unendlich Kleine des Augenblicks außerhalb der Reichweite zu sein scheint . . .

Verdoppelung des Unendlichen, bei der das Verbot der Darstellung, die kosmologische Blindheit zentral wird. Es scheint so, als sei einerseits das unendlich »Große« der relativistischen Raum-Zeit für unsere Meßinstrumente zugänglich (Radioteleskop, Spektroskop . . .), andererseits aber ist das unendlich »Kleine« der ultra-relativistischen Raum-Geschwindigkeit für immer unzugänglich, denn – so die Aussage der Spezialisten – man müßte einen Teilchenbeschleuniger von der Größe unserer Galaxis, sogar unseres Universums bauen, um darauf zu hoffen, das Jenseits der Zeit betrachten zu können!

Beim Versuch der Rekonstruktion dieser seltsamen Kosmogonie, dieses Puzzles, bei dem die Verdoppelung der Zeit die Verdoppelung des Unendlichen erzeugt, beobachten wir eine eigenartige »Konzeption der Welt«, in der der Makrokosmos endlich sein soll und der Mikrokosmos ohne Ende, in der die makroskopische Raumzeit nicht trotz ihrer Größe wahrnehmbar sein soll, sondern gerade wegen ihrer Riesenhaftigkeit selbst, während die mikroskopische Raum-Geschwindigkeit aus dem umgekehrten Grunde nicht wahrnehmbar sein soll. Auf der einen Seite beobachten wir also eine *extensive Zeit*, die des unendlich Großen der Dauer (Raumzeit), die sich in Milliarden Jahren rechnet. Auf der anderen Seite eine *intensive Zeit*, die des unendlich Kleinen der Zeit (Raum-Geschwindigkeit), das sich im Milliardsten einer Sekunde rechnet, und hier ist die theologische Frage der Genesis, oder wenn man es vorzieht, die ontologische Frage der ersten Minuten des Universums, so wie sie Steven Weinberg stellt, in Gefahr, ihren Sinn zu verlieren, zumindest ihren Sinn hinsichtlich des »Beginns der Zeit«.

Wenn es wohl ein unendlich Kleines der Zeit gibt, so wie es eines des Raumes gibt (wie es die Relativitätstheorie fordert), dann ist die erste Minute des Universums tatsächlich unendlich, und dann muß auch nach einem Beginn der Zeit im Innersten der absoluten Intensität des Augenblicks gesucht werden . . .

So würden sich an der Kreuzung (am Interface) der Raumzeit und der Raum-Geschwindigkeit ein im unendlich Kleinen der *gegenwärtigen Zeit* verborgener Anfang und ein ebenfalls im unendlich Großen der längsten Dauer der *vergangenen Zeit* versteckter Anfang begegnen, zwei »Anfänge« für eine einzige Genesis. Oder aber zwei »kosmologische Ursprünge« für zwei Anfänge? In seiner Doktorarbeit aus dem Jahre 1933, *Die Zeit und die Ewigkeit bei Plotin und Sankt Augustinus*, schrieb Jean Guitton: »Da der Augenblick wesentlich eine Mitte ist, ist es unmöglich, einen privilegierten Augenblick anzunehmen, der ein Ende wäre, ohne ein Anfang oder ein Anfang ohne gleichfalls ein Ende zu sein. Hieran läßt sich deutlich erkennen, wie abwegig es ist, die Zeit entstehen zu lassen, so wie Platon es tat.«

Es ist gerade diese Relativität, diese allgemeine Elastizität der Dauer, die die Anhänger der mystischen Erfahrung ahnen und offenbaren. Wenn nach der Aussage des Apostels »ein Tag wie tausend Jahre ist und tausend Jahre wie ein Tag«, dann ist aus der Sicht des überzeugten Relativisten *das Milliardste einer Sekunde wie fünfzehn Milliarden Jahre*, und die fünfzehn Milliarden Jahre, die, wie man sagt, uns von der kosmischen Genesis trennen, sind nur noch eine Nanosekunde, anders ausgedrückt, nur noch eine milliardstel Sekunde. Hieraus erklärt sich das Infantile dieser astrophysikalischen Suche nach dem »Anfang aller Anfänge« in genau dem Augenblick, in dem sich gerade in der Mikrophysik die Suche nach den größtmöglichen Beschleunigungen entwickelt.

Die Weigerung Albert Einsteins, das Prinzip der universellen Ausdehnung, die auf den Kosmos angewendete Ideologie des evolutionistischen Modells anzuerkennen, läßt sich auf diese Weise besser erklären als durch die Annahme einer intellektuellen Verknöcherung, die Unbeweglichkeit eines alten deterministischen Genies, das sich weigert, sein »stationäres« Modell aufzugeben, und es wird möglich, den wahren Wert seines gleichsam testamentarischen Satzes, daß *es keine wissenschaftliche Wahrheit gibt*, zu ermessen. Für den Theoretiker der allgemeinen Relativität (1915) führt die ab 1922 vom sowjetischen Physiker Alexander Friedmann vermutete und sieben Jahre später vom amerikanischen Astronomen Edwin Hubble bestätigte Expansion des Universums tatsächlich zu einer »Illusion kosmologischer Optik«. Die allgemeine Flucht der Himmelskörper und die berühmte Rotverschiebung des Galaxienlichts führt zu einem sicheren perspektivischen *Fluchtpunkt*, aber keineswegs, wie es die Physiker Lemaître und Gamov im Verlauf der dreißiger und vierziger Jahre behaupteten, zu einem ursprünglichen *Ausgangspunkt*, an dem sich einst die Notwendigkeitsbedingungen der kosmischen Wirklichkeit konzentriert, angehäuft vorfanden, die Veränderung des gleichnamigen chinesischen Eis, die heute einige zu dem Versuch verleitet, die universelle Finalität erkennen zu wollen, die »Wahrheit der Wahrheiten«, das Gegenteil des dem alten jüdischen Gelehrten so wichtigen Relativitätsprinzips. [8]

Wie dem auch sei, die Katastrophe wird zum Alpha und zum Omega der zeitgenössischen Kosmogonie: Kausalitäts-Explosion (BIG BANG), Finalitäts-Implosion (BIG CRUNCH), die Physiker sind in der Falle ihrer kosmologischen Logik gefangen, dazu gezwungen, dem *Zufall* die Bedeutung zuzuerkennen, die sie in der Vergangenheit der *Substanz* zuerkannten. Was immer man auch sagt, was immer man auch tut, der Zufall ist nunmehr absolut und notwendig, und die Substanz relativ und unwesentlich. Für die Materialisten, überzeugte »Anti-Erschaffer«, *ist der Zufall die weltliche Form des Wunders geworden*!

Im September 1985 entdeckten vier Astronomen des Observatoriums von Toulouse einen *leuchtenden Bogen*. Zwei Jahre später, im November 1987, bewiesen dieselben Astronomen zweifelsfrei, daß es sich tatsächlich um einen »Einsteinschen Ring« handelte, das heißt, um einen besser unter dem Namen GRAVITATIONSLINSE bekannten optischen Effekt, der seit langem von der allgemeinen Relativitätstheorie eingeplant war . . .

Nach den im Observatorium von Hawai 1986 gemachten Aufnahmen, und vor allem in dem von Silla in Chile, bestätigte die Forschergruppe schließlich, daß der leuchtende Bogen nichts anderes war als das verzerrte Bild einer sechs oder sieben Milliarden Lichtjahre entfernten Spiralgalaxis.

Somit soll zwischen ihr und uns in einer Entfernung von etwa fünf Milliarden Lichtjahren der riesige »Galaxienhaufen« ABELL 370 treiben, der gleichzeitig die Rolle einer verzerrenden Linse und die einer Lupe spielt ...

Etwas Belangloseres als ein optisches Glas leitet die Lichtstrahlen um, eine so große Masse ist ebenso dazu in der Lage, das Licht eines beliebigen Himmelskörpers umzuleiten. Wie die Fachpresse seinerzeit schrieb: »Dieses Phänomen der Gravitationsoptik müßte die Forscher in die Lage versetzen, weitere sehr weit entfernte und bisher nicht ausfindig zu machende Galaxien zu entdecken.«[9] Ein leuchtender *Bogen*, ein Gravitations-*Ring*, und warum nicht eine *Sphäre*, eine DROMOSPHÄRE?

Wie soll man in Betracht ziehen, daß Galaxienhaufen eine solche Wirkung kinematischer Optik hervorrufen können, die die Fähigkeit besitzt, eine unserer »Milchstraße« vergleichbare Galaxie sichtbar zu machen und dabei nicht zu vermuten, daß die Gesamtheit der Materie des Universums in gleicher Weise auf unsere Sicht der Welt einwirkt?

Jeder weiß, daß das Licht als Energieform eine Masse besitzt, die durch das Gravitationsfeld beeinflußt wird, woraus sich diese Krümmung, diese Umleitung der Lichtkegel in der relativistischen Illusion der Optik erklärt. So ist der kürzeste Weg, den das Licht benutzen kann, immer entweder eine »Kurve« oder ein »großer Kreis«, die von der nicht-euklidischen Geometrie bestimmt werden, wobei die Struktur dieses Gravitationsfeldes ihrerseits durch die

Masse und die Geschwindigkeit der verschiedenen »in Gravitation befindlichen Körper«, wie Stern, Planet, Galaxie oder Galaxienhaufen, bestimmt ist. Die Geometrie (die Topologie der allgemeinen Relativität), das heißt die Struktur selbst unseres Universums, muß also durch die Summe dessen definiert werden, was es an in relativer Bewegung befindlicher Materie enthält. Indem das Licht sich nämlich mit derselben Geschwindigkeit in alle Richtungen bewegt, sind der *sichtbare* Bogen oder Kreis immer nur die Abschnitte eines größeren kosmologischen Ganzen: ein *unteilbares* topologisches Ganzes, das man als »die Dromosphäre« bezeichnen könnte, die Sphäre der Geschwindigkeiten, die sich auf die endliche und absolute Sphäre des Lichts beziehen, das heißt, auf den Kegel der Sichtbarkeit der astronomischen Erscheinungen; wobei die »Expansion des Universums« immer nur die spektakulärste Illustration der kinematischen Optik der allgemeinen Relativität ist. Eine Optik, bei der sich die konkrete und augenblickliche Illusion immer gegen die wissenschaftliche Wahrheit durchsetzt, die Wirklichkeit selbst der Himmelskörper, die hier und da, in dieser Austrittszone der Erscheinungen, die die Grenz-Geschwindigkeit zuläßt, flüchtig wahrgenommen werden.

Wenn die Geschwindigkeit keinesfalls ein »Phänomen« ist, sondern lediglich das Verhältnis *zwischen* den Phänomenen (die Relativität selbst), dann könnten wir, Bernard von Clairvaux paraphrasierend, unsererseits tatsächlich erklären: *»Das Licht nennt sich Schatten der absoluten Geschwindigkeit«*, oder genauer: Die Lichtgeschwindigkeit der Strahlen (geometrische Optik) nennt sich Schatten der Geschwindigkeit der elektromagnetischen Wellen (Wellenoptik). Auf diese Weise die Lichtenergie verdoppelnd, einerseits in der Lichtstärke und andererseits in der Übertragungsgeschwindigkeit des besagten »Lichts«, bestünde für uns also Veranlassung anzuerkennen, daß die Geschwindigkeit *dem Sehen* dient, daß sie aber vor allem *»das Licht« selbst noch vor den Dingen (den Phänomenen), die dieses ihrerseits beleuchtet, sichtbar* macht.[10]

Genau das ist DIE DROMOSPHÄRE, nicht so sehr die universelle Expansion, die »Beleuchtung« durch die berühmte Rotverschiebung des Spektrums, sondern das rein relativistische Erkennen, daß es gerade DIE GESCHWINDIGKEIT ist, die das Universum der wahrnehmbaren und meßbaren Phänomene beleuchtet, und nicht mehr nur einzig DAS LICHT und seine spektrale Analyse.

Direktes Licht der Sonnenstrahlen und der elektrischen Lampen oder indirektes Licht der elektromagnetischen Wellen, die den Zweck haben, die Dinge (Quantität, Qualität . . .), die dazu bestimmt sind, im Augenblick des Blicks erfaßt zu werden, mitzuteilen, sie eher *miteinander in Beziehung zu bringen*, als zu beleuchten, *sie ins Licht zu setzen.*

Es handelt sich hier nicht um eine einfache Metapher der Geschwindigkeit und ihres »Lichts«, sondern sehr wohl um eine tatsächliche Verdoppelung der einst von Einstein und einigen anderen vorgeschlagenen Perzeption.

In der Tat bedeutet seit beinahe einem Jahrhundert *die Rettung der Phänomene die Rettung ihrer Apperzeptionsgeschwindigkeit.* Im Jahre 1905 war die »Einsteinsche Standpunktslehre« genau das, eine Wahrnehmung der physikalischen Welt nämlich, die alles, oder beinahe alles, dem absoluten Wesen der »Geschwindigkeit« verdankte, die die absolute »Zeit« und den absoluten »Raum« Newtons zugunsten einer Art ewiger dromologischer Präsenz ersetzende kosmologische Grenze, die Figur einer Physik, bei der die *Geschwindigkeit* plötzlich auftaucht wie *das Leben* der Phänomene, oder genauer: wie ihr *Überleben*, ein ungewisses Überleben, ohne das die Wissenschaft augenblicklich verschwände, wobei die Physik der Metaphysik allein den Platz überließe . . .

Einbruch, Brechung, Beugung, am Anfang des Jahrhunderts ersetzt Albert Einstein die beiden absoluten Oberbegriffe Isaac Newtons und einiger anderer: Zeit und Raum, durch zwei neue Begriffe: GESCHWINDIGKEIT und LICHT (die Konstante *c*). Später, diesmal mit Louis de Broglie, wird die Annahme der Verdoppelung »Wellen-Korpuskeln« noch deutlicher das duale Wesen der zeitgenössischen Physik kennzeichnen; dieses Wesen, das die Quantenmechanik und die Heisenbergsche Unschärferelation bis zum bekannten Paradox verlängern werden: Man kann die Geschwindigkeit eines Teilchens kennen, aber nicht seinen Ort. Oder umgekehrt: den Ort eben dieses Teilchens, aber nicht seine Geschwindigkeit.

Eine grundlegende Dichotomie, entstanden nicht nur aus der Unterscheidung zwischen Materie und Licht, sondern dieses Mal aus der zwischen Welle und Teilchen.

Wir versuchen hier nichts anderes, als diese Bewegung zu verlängern, indem wir vorschlagen, das »Dromosphäre« zu nennen, was man bisher übereingekommen war, als »Expansion des Universums« zu bezeichnen; indem wir so das indirekte Licht der Geschwindigkeit an den Ort und die Stelle der gewohnten Bedeutung einsetzen, die dem direkten Licht zuerkannt wird, sind wir bestrebt, nicht nur den KINEMATISCHEN Charakter der relativistischen Optik ernst zu nehmen, sondern auch und vor allem die Abweichungen, oder eher: *die dromoskopische Illusion*, die vor kurzem von einer Reihe astronomischer Beobachtungen, die die Gravitationsoptik betrafen, entdeckt wurde, in ihrem wahren Wert und ebenso ernsthaft einzuschätzen, wobei es als entschieden gilt, daß sich die Gravitation mit derselben Geschwindigkeit ausbreitet wie die Photonen.

Seit langem schon weiß jeder, daß die Sternennacht immer nur eine Illusion ist, denn kein Astronom ist in der Lage, uns zu sagen, ob die unendlich weit entfernte Quelle dieser nächtlichen Szintillation noch aktiv ist. Dennoch ist diese erste Illusion der endlichen Geschwindigkeit seit kurzem mit einer noch merkwürdigeren verbunden: mit der der *dromosphärischen Trugbilder*, die in der Art der *atmosphärischen Trugbilder* die Abbildung der Gestirne verstärken.

Die weiter oben beschriebene »Lupenwirkung« der Gravitationslinsen ermöglicht nicht nur die Wahrnehmung der unendlich weit entfernten Himmelskörper, die man (normalerweise) niemals sehen könnte, sondern sie läßt uns doppelt sehen! Der Geschwindigkeitsrausch ist also kein leeres Wort mehr. Dank der Ablenkung des Lichts im Gravitationsfeld, der Nähe gewaltiger kosmischer Massen, traut der Astronom nicht mehr seinen Augen, nicht einmal mehr denen der Teleskope oder der Radioteleskope.

Von nun an betrifft die nächtliche Suche der Observatorien nicht mehr so sehr die Zählung der Gestirne, sondern die Entdeckung der Täuschungen, der vielfältigen Winkelverformungen der Gravitationsoptik; die Zählung nicht mehr der PHÄNOMENE, sondern dieser zahlreichen EPIPHÄNOMENE, unmäßig verdoppelte und selbst verdreifachte Sterne, binärer Quasar oder Pulsar, rein relativistische Trugbilder der Gravitation, die heute die Astrophysiker intensiv beschäftigen . . ., die aus der universellen Gravitation resultierende Lichtbrechung läßt langsam das Licht der unschuldigen Beobachtung der kosmischen Quellen hinter sich, während man noch auf die experimentelle Bestätigung der Existenz der berühmten »Gravitationswellen« und den Beginn einer *Gravitations-Astronomie* wartet.

Da es keinen Teil des »Himmels« gibt, der nicht eine bestimmte Winkelablenkung aufweist, ist der Himmel der Astronomen und der Astrophysiker immer nur ein riesiger »Brechungseffekt«, eine kosmische Illusion, die sich der

Relativität der himmlischen Bewegungen verdankt und bei der allein, so glaubt man, die Bereitstellung leistungsstärkerer Instrumente es den Observatorien erlauben würde, das Ausmaß dieser Gravitationsverformung zu messen und somit, nach Art der die Sehkraft korrigierenden Brillen, die Entzerrung unserer »Weltsicht« sicherzustellen.

»Je weiter die Teleskope entwickelt werden, je mehr Sterne wird es geben«, schrieb Flaubert nicht ohne Humor. Je weiter die astronomischen und radioastronomischen Instrumente entwickelt werden, desto mehr werden wir mit Erstaunen entdecken, daß das indirekte Licht der Geschwindigkeit die Hauptlichtquelle des kosmischen Raums ist, eine zeitliche Beleuchtung, bei der sich die *Astrophysik der Täuschungen* wahrscheinlich gegen die *Astronomie der tatsächlichen Objekte* durchsetzen wird, wobei das Universum der kinematischen Optik der allgemeinen Relativität und der kommenden »Astronomie der Gravitationswellen« infolgedessen tatsächlich mit einer riesigen Illusion identisch sein wird, die sich der Dromosphäre verdankt und den wohl bekannten Illusionen der Erdatmosphäre entspricht.

Man kann sogar mit vollem Recht annehmen, daß die Erhöhung der Auflösung der MAKROKOSMISCHEN Bilder, nach Art derjenigen des MIKROKOSMOS in der Vergangenheit, zu einem neuerlichen und letzten »Sehverlust« führt, der demjenigen vergleichbar ist, der bereits die Quantenphysik veranschaulicht, auf diese Weise die Begriffe der Diskussion zwischen Niels Bohr und Albert Einstein bezüglich der Bedeutung der Beobachtung in der Physik – das bedeutet letztlich, den Status der experimentellen Sichtbarkeit betreffend – verallgemeinernd.

»Die Unterscheidung zwischen Vergangenheit, Gegenwart und Zukunft, hier und da, hat nur noch die Bedeutung einer visuellen Illusion«, schrieb Einstein in seinem

Kondolenzbrief an die Familie seines Freundes Michele Besso ... Beileidsbezeugung für die klassische experimentelle Physik, mit Sicherheit aber für ihr System der Sichtbarkeit!

Wenn in der intersiderischen Raumzeit objektiv weder OBEN, noch UNTEN, noch VERGANGENHEIT existieren, aber eine GEGENWART, die sich durch die Präsenz allein eines potentiellen Betrachters[11] an einem Punkt auszeichnet, dann besitzt die Austrittssphäre der Phänomene (oder wenn man es vorzieht, der Lichtkegel) eine solche »Realitätswirkung« nur dank der relativistischen Approximation des Feldes und nicht vermöge irgendeiner (okularen oder optischen) »Objektivität«, die aus einer externen Lichtquelle hervorgegangen ist, wie es seit langem die Experimentierer des Zeitalters der Aufklärung forderten.

Schließlich ist der dromologische Einbruch der ZEIT DES LICHTS (der Licht-Zeit) nichts anderes als die Verlängerung des morphologischen Einbruchs des RAUMS DER MATERIE, der auf die Entdeckungen der Atom- und Subatom-Physik folgte.

Die Infragestellung der alten geometrischen Dreiteilung durch Minkowski, die kürzere Zeit zurückliegende Ablehnung des antiken Begriffs der »Gesamtdimension« durch Mandelbrot und einige andere, all das führt uns dazu, eine echte »Auflösung der alten konzeptuellen Rahmen« der Physik wie der Astrophysik vorzunehmen. Auflösung der »Ausdehnung« und der »Dauer«, des »Ortes« und der »Geschwindigkeit«, die – nach der mehrdimensionalen Theorie von Kaluza-Klein – die des *Raums der Phasen* oder die Theorie der kosmischen Bänder, der *gefaserte Raum* der neuesten Mathematik, verlängert.

Mag es auch den Materialisten mißfallen, die Relativität der Mystiker erhellt die der zeitgenössischen Physik; ob »Mikro-« oder »Makrophysik«, am Ende des Gangs, des Tunnels der Wissenschaft *gibt es nichts zu sehen*! Und die geometrische oder wellenförmige Optik ist immer nur die Inszenierung einer kinematischen Optik ... Außerdem wußte Einstein dies sehr wohl, er, der das absolute Wesen der ZEIT und des RAUMS der Materie entthronen mußte, um das absolute Wesen zwar nicht des Lichts, aber das der Geschwindigkeit einzurichten, eine absolute Geschwindigkeit, die, vergessen wir es nicht, auch der universellen Gravitation zu eigen ist.

Rational ausgedrückt, bedeutet das Ernstnehmen der Relativität ein objektives Hinausgehen über den vom Zeitalter der Aufklärung geerbten Status der Sichtbarkeit; ein Überschreiten, das die Statistiken der »Wahrscheinlichkeitsrechnung«, die für die quantischen Entdeckungen verantwortlich sind, bereits hinreichend skizziert hatten.

Zu sagen, wie es nunmehr angemessen ist, daß die Lichtgeschwindigkeit in der »Leere« das *Absolute* ist, das die Leere der Ausdehnung und der Dauer der Materie ablöst, das heißt, indirekt zu erklären, *daß die Relativität absolut und notwendig ist und die Wahrheit unwesentlich und begrenzt.*

Nicht mehr einzig die Wahrheit der wahrnehmbaren Erscheinungen der Ästhetik, sondern auch die objektive Wahrheit der Physik, die, die sich den verschiedenen Meß- und Beobachtungstechniken verdankt.

Hören wir hierzu Albert Einstein in einem Text aus dem Jahre 1916:

»Der Begriff ›wahr‹ paßt nicht auf die Aussagen der reinen Geometrie, weil wir mit dem Worte ›wahr‹ in letzter Linie stets die Übereinstimmung mit einem ›realen‹ Gegenstande zu bezeichnen pflegen; die Geometrie aber befaßt sich nicht mit der Beziehung ihrer Begriffe zu den Gegenständen der Erfahrung, sondern nur mit dem logischen Zusammenhang dieser Begriffe untereinander.«[12]

Diese zunehmende relativistische Gleichgültigkeit wird die Objekte der wissenschaftlichen Experimente eines nach dem anderen betreffen, bis hin zum berühmten Gespräch von 1927 zwischen Bohr und Einstein über die Brauchbarkeit selbst des wesentlichen Begriffs der Bahn (der zwar sicheren Positionen oder Geschwindigkeiten, aber das nicht bestehende Verhältnis zwischen ihnen). Die allerjüngste Entwicklung der in der wissenschaftlichen Forschung angewandten *statistischen Optik* des Computerbildes wird diese Trennung noch vervollständigen, indem sie dazu beiträgt, die »Denkexperimente« der Forscher durch »Computerexperimente« zu ersetzen, wobei sich die numerische Optik der Computergraphik langsam gegen die analoge Optik der gewöhnlichen Sichtbarkeit durchsetzt.

Wenn die Geschwindigkeit kein »Phänomen«, sondern die Beziehung zwischen den Phänomenen ist, dann vollbringt die Rechengeschwindigkeit der Computer heute tatsächlich das, was die geometrische Optik der Linsen seit Galilei vollbrachte.[13]

Diese erste »Maschine absoluter Geschwindigkeit« hat weitgehend diejenige der Wellenoptik der Elektronik unserer modernen Instrumente vorweggenommen. Aber das ist nicht alles, denn die Kontingenz erfaßt ihrerseits die Entwicklung des Denkens und das Fortschreiten der wissenschaftlichen Theorien selbst. Wenn die Wahrheit auch »begrenzt« ist und die Relativität absolut und notwendig (wie einst die aristotelische Substanz), dann stellt sich für uns das Problem, diese Grenze, diese »Begrenzung des Wahren« zu erkennen. Nun, die Antwort ist in der Frage enthalten: Was die Wahrheit der Tatsachen begrenzt, das ist wieder und für immer diese »Geschwindigkeit«, die der Maßstab der Phänomene und der Epiphänomene ist; wobei die Relativität immer nur diese absolute Begrenzung ist, die der wissenschaftlichen Objektivität durch das »Rätsel der Zeit« auferlegt wird, nicht mehr nur der *extensiven* Zeit (der Zeit, die vergeht) der Jahrhunderte und der Ewigkeit, wie bei Augustinus, sondern nunmehr dieser *intensiven* Zeit (der Zeit, die sich belichtet) der unendlich kleinen Zeitdauern, die die neuen Technologien ermöglichen.

Als ob die absolute und dennoch endliche Geschwindigkeit auch der Zufall des Zeittransfers von einer Extremität der Dauer zur anderen wäre, der Wissenstransfer der menschlichen Kenntnisse hierin eingeschlossen . . .

Lassen wir den alten Einstein nochmals zu Wort kommen:

»Was unterscheidet eine wahre Theorie von einer falschen Theorie? *Ihre Gültigkeitsdauer*!«

Einige Jahre oder Jahrzehnte für die eine, einige Tage oder Monate für die andere . . . Wenn wir also, was legitim ist, die kürzlich von der »Rechengeschwindigkeit« gespielte Rolle akzeptieren, und das nicht mehr nur allein bei der Verifikation der Hypothesen, sondern bei der entscheidenden Rolle, die der Entstehung einer die passive Optik der Linsen vervollständigenden aktiven Optik zuerkannt wird – »numerische Optik« (oder statistische Optik), die nicht mehr nur allein, wie irgendeine mathematische Berechnung, die »Voraussicht« begünstigt, sondern das *Zweite Gesicht* der Ergebnisse dieser Berechnungen –, dann müssen wir uns dazu entschließen, *die fortschreitende Einschränkung der Gültigkeitsdauer der wissenschaftlichen Theorien selbst* in Betracht zu ziehen, wobei sich diese Verringerung des Wertes der wissenschaftlichen Erfahrungen nicht mehr der Kapazität der Theoretiker verdankt, sondern der Überkapazität ihrer Mittel, das heißt: allein der Beschleunigung, der Vermehrung der Berechnungen, der Messung der Beobachtung, einer »indirekten« Beobachtung, die alles dem »Licht« der Geschwindigkeit verdankt, einer Kontrollgeschwindigkeit der Hypothesen, die zu einer Einschränkung der dauerhaften Gültigkeit der Gesetze führt. Bis zu diesem »Kegel«, dieser Sichtbarkeitsgrenze der Rationalität, an der in nicht allzu ferner Zukunft die Wahrscheinlichkeit selbst unserer physikalischen wie astrophysikalischen Kenntnisse verschwinden wird; der Untergang der Notwendigkeit selbst von äußeren Bezugspunkten, wie ihn der Aufschwung der Quantenmechanik vorwegnahm. Ein »Tod«, oder wenigstens ein *relativistisches Verschwinden*, das gebunden ist an den Mißkredit der passiven (direkten) Optik zugunsten einer aktiven, selbst »aktivistischen« (indirekten) Optik ... *Der Tod des Auges* des Experimentierers stellt für den Physiker dieselbe Bewußtseinslage dar, wie ihn die nietzscheanische Behauptung vom »Tod Gottes« (sein relatives Verschwinden) bei den Metaphysikern verursacht hatte; der relativistische Verzicht auf den *perzeptiven Glauben* entspricht für die Physiker dem, was für die Metaphysiker der objektivistische Verzicht auf den *religiösen Glauben* war.

Das, was der *Kunst* widerfuhr, wird somit demnächst der Wissenschaft widerfahren, nicht allein das Schweigen, sondern, wie der Astronom Michel Cassé fürchtet, das Erblinden, die Blindheit.[14] *Eine paradoxe Blindheit*, die sich der Geschwindigkeit des Lichts verdankt und die uns endgültig äußerer Bezugssysteme beraubt. Als theologischer Abschluß soll ein Satz von Paul de Tarse dienen: *»Die sichtbaren Dinge haben tatsächlich nur eine Zeit, die unsichtbaren sind ewig.«* Die Ewigkeit der langen Zeitspannen, gewiß, aber auch diese Meta-Ewigkeit des unendlich Kleinen der Zeit, dieser ultra-kurzen Zeitdauern, die sich unserem Fassungsvermögen entziehen und die unsere verschiedenen Technologien uns dennoch unaufhörlich verfügbar machen ...

Bereits im Verlauf der an Veränderungen so reichen dreißiger Jahre hatte das Theorem von Kurt Gödel das rationalistische Gebäude erschüttert, indem er *mathematisch* bestimmte, daß es Lehrsätze gibt, die, obwohl »wahr«, weder bewiesen noch widerlegt werden können, da die Zahlentheorie ein Prinzip absoluter Unvollständigkeit in sich birgt. Im Umfeld dieser logisch-mathematischen Krise sollte Alain Turing, in Entgegensetzung zu ihr, während der vierziger Jahre das Prinzip der »Denkmaschine« entwickeln, ein mechanischer Entwurf dessen, was später die Computerelektronik werden sollte. Was aber Turin zweifellos nicht ahnte, war, daß seine berühmte »Zahlenmaschine« dreißig Jahre später zum Erscheinen der *Sehmaschine* führen sollte. Automatisierung der Zahlenwahrnehmung und nicht mehr nur der Erzeugung von Berechnungen, die nicht mehr nur die axiomatischen Grundlagen der Mathematik in Frage stellte, wie es Gödel vor ihm tat, sondern das Ganze selbst der Verfahren zur Wissensaneignung; wobei die Leistungsstärke der »Zahlenmaschinen« in der Nachfolge von derjenigen Turings immer nur ihre Rechengeschwindigkeit ist, eine Stärke, die es ihnen ermöglicht, die Information des umgebenden Milieus zu erfassen, das heißt, *an unserer Stelle zu sehen, wahrzunehmen.* Somit macht sie aus dem Wissenschaftler sowie aus dem Künstler einen einfachen »Gerätevorführer«, denn die Informatik ermöglicht es nunmehr den Gelehrten, sich ihre Theorien *vorzustellen* ...

»Im Universum gibt es keine Unterscheidung zwischen den beiden Richtungen der Zeit, ebensowenig wie es im Raum ein Oben und ein Unten gibt. Dennoch können wir an einigen Stellen der Erdoberfläche ›unten‹ die Richtung zum Mittelpunkt der Erde nennen. Somit kann ein lebendiger Organismus, der sich in einer solchen Welt befindet, zu einem bestimmten Zeitpunkt die ›Richtung‹ der Zeit bestimmen als das vom Zustand des weniger Wahrscheinlichen zum Zustand des eher Wahrscheinlichen sich Bewegende, wobei ersterer die Vergangenheit ist und letzterer die Zukunft.«

In dieser Antwort an Zermelo, die von 1897 datiert (ein Jahr nach der Erfindung des Travelling durch Eugène Promio), identifiziert Ludwig Boltzmann die GEGENWART mit der Präsenz eines LEBENDIGEN Beobachters zu einer bestimmten Zeit an einem bestimmten Ort. Er führt also die Apperzeption der Dauer (der Zeit, die vergeht) auf das Leben zurück, auf die metabolische Lebendigkeit, so, als ob die Gegenwart, ganz in der Art Bergsons, allein mit dem Bewußtsein dieser Dauer übereinstimmen würde . . ., als ob die Zeit jenseits der »Sterblichen« keine spezifische Dauer besäße, weder »Quantität« noch »Qualität«, die das Davor von dem Danach unterscheiden könnte; ebensowenig wie die intersiderische Ausdehnung nicht das »Darunter« vom »Darüber« unterscheidet, da der Mensch (oder eher das Lebewesen) das Maß aller Dinge ist.

Das, was man heute das ANTHROPHISCHE PRINZIP nennt, die Existenz irgendeines Beobachters, der als untrennbar verbunden mit den vernunftmäßig wahrnehmbaren Phänomenen angesehen wird, beruht immer noch auf der oben gemachten Feststellung. Kehren wir aber zum »Zeitpfeil« zurück, zur Analyse Boltzmanns: Bei ihm wird nicht die Frage nach *dem Zentrum der* intensiven *Zeit* aufgeworfen, lediglich die nach der extensiven Zeit wird deutlich gestellt. Das Übergehen selbst der Möglichkeit eines unendlich »Kleinen« der Dauer ist vollkommen.

Man wird bis ins Jahr 1905 und auf Albert Einstein

warten müssen, damit die Entdeckung der absoluten Geschwindigkeit des Lichts im leeren Raum die Auseinandersetzung zwischen Zermelo und Boltzmann grundlegend verändert. Wenn das Zentrum der extensiven Zeit wirklich die »Gegenwart« ist, das heißt das *Lebendige*, dann muß folglich tatsächlich anerkannt werden, daß dieses »lebhafte« Wesen eines beliebigen lebendigen Wesens (Tieres) das *Lebendige* ist, anders gesagt, das System der Zeitlichkeit des Wesens, *die metabolische Geschwindigkeit der Informationsaneignung* des erwähnten Beobachters. Da sein lebendiger Organismus die Aufgabe des Zentrums der relativistischen Raumzeit übernimmt, ist es vollkommen unmöglich, den Beobachter vom beobachteten Ding zu trennen, womit die *relativistische Untrennbarkeit* weitestgehend das Prinzip der quantischen Untrennbarkeit vorweggenommen hat.

Das »Zentrum« der extensiven Zeit ist also wirklich, durch den Anwesenheits-Zustand des Beobachters hindurch, die relative Geschwindigkeit des lebendigen Wesens, d. h. seine Lebendigkeit selbst (Alter, Gesundheit, verschiedene Leistungen). Das Zentrum der chronologischen Zeit (Vergangenheit–Gegenwart–Zukunft) ist also immer das System der relativistischen Zeitlichkeit des hier und jetzt präsenten Wesens. Folglich führt uns diese Geschwindigkeit des Anwesend-Lebenden (der Präsenz des Wesens), die das von Boltzmann beschriebene »Davor« und »Danach« markiert, in der Tat in das ein, was man die *Achse der intensiven Zeit* nennen könnte, diese zweite Achse des Zeitpfeils, die unsere verschiedenen Mittel der optischen, elektro-optischen, akustischen oder elektro-akustischen Informationsaneignung unablässig verlängern.

Aber diese ganz neue Frage nach dem unendlich Kleinen der Dauer (Nanosekunde, Pikosekunde, Femtosekunde), die eine wahrhafte Auflösung der Zeit des Lichts ist, die mit der Auflösung des Raums der Materie (Kernspaltung, Kernfusion ...) verglichen werden kann, ist ihrerseits eine wissenschaftliche Frage, die die klassische philosophische Fragestellung nach dem *Augenblick*, in der traditionellen Sorge um die drei Zeiten, überschreitet.

Tatsächlich ist der gegenwärtige Augenblick hier kein einfacher Zeitraum mehr; er eröffnet die unglaubliche Möglichkeit einer unendlich kurzen Dauer, die das Äquivalent dessen enthält, was bereits die unendlich »lange« Dauer und der unendlich »große« Raum dieses WAHRGENOMMENEN KOSMOS enthält, der (für den erwähnten Beobachter) begrenzt wird durch die absolute und dennoch endliche Geschwindigkeit des Lichts im leeren Raum.

Auf der Achse der intensiven Zeit, der zweiten paradoxen Achse jeder »Dauer«, ist die Lichtgeschwindigkeit also der unüberschreitbare kosmologische Horizont, wie es schon auf der Achse der extensiven Zeit der sogenannte Anfang der Raumzeit ist: der BIG BANG.

Das Intervall der dritten Art, das Intervall der Art »Licht« (Nullzeichen) nimmt so seine Stelle neben den anderen ein, dem Intervall der Art »Raum« (negatives Vorzeichen) und dem der Art »Zeit« (positives Vorzeichen), um die DROMOSPHÄRE zu bilden, nicht allein diesen vorher erwähnten »Kegel der Sichtbarkeit«, sondern die Wahrnehmungssphäre der Realität selbst der Phänomene, sämtlicher Phänomene, angefangen beim rein relativistischen Realitätseffekt der Raum- und Zeitintervalle, die dennoch zur Bildung unserer Geschichte und unserer Geometrie beigetragen haben.

Die Zeit des Lichts, oder um noch genauer zu sein: die LICHTZEIT, ist folglich das »Zentrum der Zeit«. Man müßte also nunmehr von der intensiven Zeit des Lichts sowie der universellen Gravitation ausgehen und die Dauer und die Ausdehnung erforschen, diese extensive Zeit der Materie der

Objekte und der Orte. Ausgehend von dieser INTENSIVEN GEGENWART, sollte man versuchen, das zu beobachten, was man übereingekommen ist, als die Realität zu bezeichnen.

Die absolute Geschwindigkeit des Lichts im leeren Raum, Intervall des *Null*-Zeichens, ist folglich »die absolute Beleuchtung«, die Offenbarung der Ausdehnung wie der Dauer der Phänomene, *die Begegnung des Wirklichen.*

Als Zentrum, oder genauer: als Mitte der Zeit ist die Schnelligkeit die Grenze des Wirklichen. Wenn die Geschwindigkeit also diese *Mitte* ist, dann existiert die objektive Wirklichkeit nur durch ihre Vermittlung, *eine relativistische Vermittlung*, die die Begriffe des unendlich Großen oder unendlich Kleinen begrenzt, dieses KONTINUUM von Raum und von Zeit, oder anders ausgedrückt, das Kontinuum dieser beiden Intervalle, die nichts (für uns, die hier anwesenden Beobachter) ohne das dritte wären. Somit können wir nunmehr legitimerweise nicht nur eine Vorstellung von dieser Zeit der Chronologie und der Geschichte geben, *die vergeht*, sondern auch eine von dieser Zeit, die sich, wie der Raum, dem Licht der universellen Konstante der Geschwindigkeit *aussetzt.*

Belichtungszeit einer CHRONOSKOPIE, die die klassische Zeit CHRONOLOGISCHER Abfolge vervollständigt, indem das Licht der Zeit dazu beiträgt, die physikalische Realität zunächst zu belichten, dann überzubelichten.

»Alles Sichtbare ist nur ein Gleichnis«, vermutete Goethe. Es ist nur parabolisch, gewiß, aber im Sinne dieser Spiegel, die das Licht durch die geometrische Optik ihrer Strahlen konvergieren lassen, um uns erkennen zu lassen, wie es letztlich mit dem Wirklichen ist; mit dieser »Augenblicks-Anwesenheit«, deren Tiefe keine andere Grenze besitzt als die der Schnelligkeit der Aussendung dieser »Realitätswellen«, die nicht allein das Bild, sondern auch den dargestellten Gegenstand bilden . . .

4
Die Umweltkontrolle

Ich suche nichts. Ich bin hier.
Philippe Soupault

Wie steht es nun mit der Transparenz der Luft, des Wassers oder des Glases, anders ausgedrückt, mit der Transparenz des »Realraums« der uns umgebenden Dinge, wenn das realzeitliche *Interface* das klassische Intervall ablöst und wenn die *Entfernung* ihren Platz plötzlich einer augenblicklichen Sende- und Empfangs*leistung* überläßt? Wie ist es schließlich, wenn die elektro-optische *Kommutation* die klassische optische Kommunikation ersetzt hat?

Wenn gegenwärtig fortwährend und übermäßig das Präfix *de* bzw. *ent* Verwendung findet, wie bei Dezentralisierung, Entreglementierung, Dekonstruktion, etc., dann können wir an dieser Stelle eine neue Vokabel hinzufügen: *Entregelung*, nicht nur die der wahrnehmbaren Erscheinungen, sondern auch die der Transparenz. Eine »Transparenz« ohne Jenseits, die weder etwas mit der Transparenz der Dichte eines beliebigen Materials noch mit derjenigen der Erdatmosphäre gemeinsam hat.

Wenn der Begriff Transparenz als das definiert ist, »was eine hohe Lichtdurchlässigkeit besitzt«, oder als das, »was es ermöglicht, durch seine Dichte selbst die Gegenstände deutlich voneinander zu unterscheiden« (wie eine Glasscheibe beispielsweise), dann stellen wir fest, daß mit dem neuen Begriff des *realzeitlichen Interface* die Transparenz ihr Wesen verändert, weil es nicht mehr die der Lichtstrahlen (der Sonne oder der Elektrizität) ist, sondern gerade die der Geschwindigkeit der (Elektronen, Neutronen . . .) Elementarteilchen, die sich mit der Geschwindigkeit des Lichts selbst ausbreiten.

Das Licht bleibt also zwar der einzige Entwickler der wahrnehmbaren Erscheinungen, nunmehr ist es aber seine *Geschwindigkeit, die belichtet*, die auf Kosten des Tageslichts oder des künstlichen elektrischen Lichts sichtbar macht.

Die Transparenz ist also nicht mehr nur diejenige der Erscheinungen der Dinge, die im Augenblick des Erblikkens sichtbar werden, sie wird plötzlich die Transparenz der augenblicklich aus der Ferne übertragenen Erscheinungen; hieraus erklärt sich der Vorschlag zur Verwendung des Begriffs der HINDURCH-SICHTBARKEIT der »Realzeit« und nicht mehr nur desjenigen der TRANSPARENZ des »Realraums«. Die *Direkt*übertragung der Erscheinungen der Dinge wird in Zukunft die alte Transparenz des Realraums der Luft, des Wassers oder der Linsengläser ersetzen.

Diese Überschreitung der direkten Transparenz der Materialien ist in der Tat in erster Linie auf das Aufkommen einer neuen Optik zurückzuführen: der *aktiven Optik* nämlich, einem Ergebnis der jüngeren Entwicklung der Opto-Elektronik und der radioelektronischen Aufnahmen, dies auf Kosten der alten Vormachtstellung der *passiven Optik* der Teleskop-, Mikroskop- oder Aufnahmekameralinsen. Anders gesagt: Sie ist auf den effektiven Gebrauch der *Wellenoptik* neben, vollkommen abseits von der klassischen *geometrischen Optik* zurückzuführen. Genauso wie nunmehr in der Nähe der euklidischen Geometrie eine nicht-euklidische oder nicht-topologische Geometrie zur Verfügung steht, so findet sich neben, vollkommen abseits der passiven Optik der Geometrie der Linsen der Kameraobjektive und der Teleskope gleichfalls eine aktive Optik: die der *Teletopologie* der elektro-optischen Wellen.

Darüber hinaus, und parallel zur augenblicklichen Übertragung eines dem »Radio-Signal« analogen »Video-

Signals«, gibt es seit kurzem optische Eigenschaften, die an die Informatik gebunden sind, das heißt, an die Digitalisierung der Bestandteile des übertragenen Bildes; hierbei ist die optische Wiederherstellung der Erscheinungen nicht mehr einzig das Ergebnis der Geometrie der Linsen der Aufnahmeapparate, sondern das Ergebnis der mit Hilfe eines an den Sender angeschlossenen Computers Punkt für Punkt (Pixel für Pixel) vorgenommenen Berechnung des Bildes, wobei die Digitalisierung des Videobildes eine bessere Auflösung der Erscheinungen gewährleistet – wie in diesen allerneuesten, mit einer »adaptiven Optik« ausgestatteten Teleskopen, bei denen die Reinheit der Linse nicht mehr notwendig ist, da die optische Wiederherstellung der Lichtstrahlen *allein durch die Rechengeschwindigkeit eines Graphikcomputers* gewährleistet wird. Wir stoßen hier also erneut auf die Überlegenheit der Lichtgeschwindigkeit gegenüber der Lichtkapazität seiner Strahlen.

Einerseits beleuchtet die Geschwindigkeit der Elektronen und der Photonen dank dem Video-Empfang der übertragenen Erscheinungen (die Videoskopie, die die klassische Teleskopie in hohem Maße verbessert) indirekt das, was weit entfernt ist.

Auf der anderen Seite beschleunigt die Geschwindigkeit der elektronischen Berechnung der Pixel, aus denen das Bild besteht, seine Auflösung, seine Reinheit auf Kosten der Bedeutung der optischen Qualität der Objektive und der Linsen (sogar der weichen Linsen der neuen Teleskope).

So ist das, was dem Sehen, der Vermessung und folglich der Erfassung der Realität der Erscheinungen dient, weniger das Licht als vielmehr seine Geschwindigkeit.

In Zukunft dient die Beschleunigung weniger *der mühelosen Fortbewegung (Intervall) als vielmehr dem Sehen, der mehr oder weniger klaren Wahrnehmung* (Interface), wobei die

»hohe Auflösung des Realen« ausschließlich von der mehr oder weniger großen *Übertragungsgeschwindigkeit der Erscheinungen* und nicht mehr nur von der Transparenz der Atmosphäre oder der verschiedenen Materialien abhängt.

Um heute die Bedeutung des »Analysators« wirklich zu erfassen, den die Geschwindigkeit (und besonders die audiovisuelle Geschwindigkeit) darstellt, muß man noch einmal auf ihre philosophische Definition zurückgreifen: »Die Geschwindigkeit ist kein Phänomen, sie ist die Beziehung zwischen den Phänomenen«, anders gesagt, die *Relativität selbst*, die Transparenz der Realität der Erscheinungen, eine »raumzeitliche Transparenz allerdings«, die in diesem Fall auf die räumliche Transparenz der linearen Geometrie der optischen Linsen folgt. Hieraus resultiert die Verwendung des Begriffs der *Hindurch-Sichtbarkeit* zur Bezeichnung der elektronisch übertragenen Erscheinungen, wie groß auch immer das räumliche Intervall sein mag, das sie vom Betrachter trennt; dieser nunmehr gesteuerte Betrachter ist nicht mehr vom betrachteten Gegenstand zu trennen, und dies gerade dank der Augenblicklichkeit des Interface, das also treffend als »Terminal« bezeichnet wird, das die Ausdehnung und die Zeit einer auf die Kommutation Mensch–Maschine reduzierten Welt zum Abschluß bringt, in der die »Tiefe des Raums« der perspektivistischen Geometrie plötzlich den Platz der »Tiefe der Zeit« einer *realzeitlichen Perspektive* überläßt, die die alte Perspektive des Realraums der Renaissance verdrängt.

Betrachten wir nun einige technologische Beispiele dieser neuen und letzten *Optik der Realzeit*. Forscher der NASA und des Ophthalmologischen Instituts der Universität John Hopkins in Baltimore haben kürzlich die Entwicklung einer revolutionären Brille abgeschlossen: Zwei am Gestell angebrachte Miniaturobjektive übertragen die Bilder über optische Fasern auf zwei winzige Videokameras, die an der Hüfte des schlecht Sehenden angebracht sind. Das elektronisch behandelte Bild wird dann zur Brille zurückgeschickt, deren korrigierende Gläser durch Bildschirme ersetzt sind. Das opto-elektronische System ist so eingestellt, daß die Bilder automatisch entsprechend der Sehprobleme des Trägers korrigiert werden, der folglich ein helles und ihm klar erscheinendes Bild vor Augen hat. Diese Prothese soll demnächst in den Vereinigten Staaten käuflich erworben werden können ...

Dieses an ferngesteuerten Robotern erprobte elektrooptische System ist, neben anderen, ein Ertrag aus militärischen Forschungen, die die zukünftige »Sehmaschine« betreffen. Die jüngsten Arbeiten an der Automatisierung der Wahrnehmung haben in der Tat die Ersetzung der unmittelbaren Wahrnehmung durch eine *unterstützte Wahrnehmung* zum erklärten Ziel. Eine »indirekte Wahrnehmung«, bei der die Geschwindigkeit der Elektronen vorteilhaft das Licht der Sonnenstrahlen oder der elektrischen Lampen ersetzen würde.

Neben den besonders spektakulären Forschungen eines Scott Fisher, der – ebenfalls für die NASA – an der Verwirklichung eines Simulationshelms einer virtuellen *interaktiven* Umwelt arbeitet (anders gesagt: an einem tragbaren Simulator, der den Bordsimulatoren der Jagdflugzeuge vergleichbar ist), zeugt die Video-Brille somit auf eine bescheidenere Art und Weise von der kurz bevorstehenden Umwandlung der okularen Optik in eine tatsächlich alltägliche Elektro-Optik; Untergang des Blicks, des direkten Sehens zugunsten einer beispiellosen Entwicklung der *Industrialisierung des Sehens*, dieser *realzeitlichen radio-elektrischen Aufnahmen*, die dazu in der Lage sind, eines Tages die Betrachtung der Umwelt zu ersetzen oder sogar zu verdrängen. Das *direkte* Licht der Sonne, der Kerzen oder der elektrischen Lampen wird langsam von diesem nicht nur künstlichen, sondern *indirekten* Licht der Elektronik oder der Photonen abgelöst, ganz so wie diese fensterlosen japanischen Wohnungen, die ihr »Sonnenlicht« durch optische Fasern erhalten.

»Im 21. Jahrhundert wird derjenige, der den Bildschirm kontrolliert, das Bewußtsein kontrollieren«, erklärte Timothy Leary . . ., tatsächlich ist die allererste Interaktivität die der wechselseitigen Sichtbarkeit der verschiedenen Bildaufnahmegeräte. Sie ist nicht, wie man im allgemeinen glaubt, die Bedienung aus der Ferne, die Fernbedienung (die Übertragungsgeräte) oder der Tastbildschirm, sondern sie ist zunächst vor allem das, was man die *Opto-Aktivität* nennen könnte, der Anschluß, die Vermischung der Bilder untereinander: virtuelle Bilder des Bewußtseins, okulare und optische Bilder des Sehens und schließlich elektro-optische oder radio-elektrische Bilder der Video-Computergraphik.

Genau hierum handelt es sich bei dem weiter oben vorgeschlagenen Begriff der *Hindurch-Sichtbarkeit*, und nicht mehr etwa nur um einfache »Transparenz«.

Das indirekte Licht der verschiedenen elektro-optischen (und akustischen) Prothesen tritt in Konkurrenz zum *direkten Licht* der klassischen Optik. Die gewohnte feine Unterscheidung zwischen natürlichem und künstlichem Licht verdoppelt sich nun durch die ungewohnte Unterscheidung zwischen direktem und indirektem Licht. Da, wo das Licht der Lichtstrahlen der elektrischen Lampe oder der Sonne eine *gewöhnliche* Transparenz erzeugt, erzeugt das indirekte Licht der Elektronen und Photonen der verschiedenen Geräte tatsächlich eine *außer-gewöhnliche* Transparenz, bei der sich die Realzeit des Bildes gegen den realen Raum des Sehens durchsetzt, da die augenblicklich übertragenen Erscheinungen auf die gewohnte Beleuchtung der Orte folgt.

Diese Beschleunigungsfunktion des Lichts tritt außerdem deutlich bei den Kameras oder Ferngläsern mit *Lichtverstärker* hervor, bei denen die nachts nur in geringer Menge vorhandenen Photonen multipliziert werden, um die Helligkeit der Umgebung beträchtlich zu vergrößern.

So ist die Zeit-Frequenz des Lichts auf Kosten der Raum-Frequenz der Materie plötzlich der bestimmende Faktor bei der Wahrnehmung der Phänomene geworden. Nunmehr setzt sich die Lichtgeschwindigkeit gegen die Sonnenbestrahlung, die übliche Beleuchtung durch.

Kehren wir nun aber an den Ausgangspunkt dieses Zustandes zurück, das heißt zur Photographie.

In seinen Gesprächen mit Paul Gsell über den unwiderlegbaren Zeugnischarakter der Photographie einer Bewegung, von dem Paul Gsell ausgeht, erwidert Auguste Rodin: »Nein, es ist der Künstler, der wahrheitsgetreu ist, und die Photographie, die lügt, *denn in der Realität steht die Zeit nicht still*, und wenn es dem Künstler gelingt, den Eindruck einer Geste zu vermitteln, die in mehreren Augenblicken ausgeführt wird, dann ist sein Werk sicher sehr viel weniger konventionell als das wissenschaftliche Bild, bei dem die Zeit jäh unterbrochen wird.«

Dieser grundlegende Satz, der später von Maurice Merleau-Ponty [1] wieder aufgenommen wurde, verdient es, daß man sich ein wenig eingehender mit ihm beschäftigt: Die Zeit, von der hier die Rede ist, ist die der CHRONOLOGIE, die Zeit, die nicht stillsteht, die ständig abläuft, es ist die gewohnte lineare Zeit. Was aber nun die Techniken der *Lichtempfindlichkeit* an wirklich Neuem mit sich brachten und was Rodin anscheinend nicht bemerkt hatte, war, daß die Definition der photographischen Zeit schon nicht mehr die der vorbeigehenden Zeit war, sondern zunächst und vor allem die einer Zeit, die sich belichtet, die Oberfläche wird, könnte man wagen zu sagen, eine Belichtungszeit, die infolgedessen die klassische Zeit der historischen Abfolge ablöst.

Die Zeit der »Aufnahme« ist folglich von Anfang an die *Licht-Zeit*. Das Intervall der Art ZEIT (positives Vorzeichen) und das Intervall der Art RAUM (negatives Vorzeichen ... gleichen Namens wie die Einschreibungsfläche des Films) schreiben sich nur dank des LICHTES ein, dank dieses Intervalls der dritten Art, bei dem das *Nullzeichen* die absolute Geschwindigkeit bezeichnet.

Die Belichtungszeit der Photoplatte ist also einzig die *Belichtung der Zeit* (der Raumzeit) ihrer lichtempfindlichen Materie in Lichtgeschwindigkeit, das heißt letztlich, in der Frequenz der die Photonen tragenden Wellen.

Was der Bildhaur Rodin also noch nicht bemerkt, ist, daß ausschließlich die *Oberfläche* der Aufnahme (negatives Intervall) die *Zeit* der Darstellung der Bewegung anhält. Mit dem augenblicklichen Photogramm, das die Erfindung der kinematographischen Sequenz ermöglicht, *wird die Zeit nicht mehr stillstehen*. Das Band, die Rolle des aufgenommenen Films und später die Kassette der »realzeitlichen« Videoaufnahme der permanenten Fernüberwachung werden die ungeheure Neuerung einer *kontinuierlichen Lichtzeit* veranschaulichen, anders gesagt, die herausragende wissenschaftliche Neuerung (seit der des Feuers) eines *indirekten* Lichts, das das *direkte* Licht der Sonne oder der elektrischen Lampe Edisons ersetzt, wie dieses seinerseits das Tageslicht ersetzt hatte.

Vom 18. und 19. Jahrhundert an ist die Zeit folglich nicht mehr so sehr ein Problem des mehr oder weniger schnellen ALTERNS, sie ist vor allem eine Frage der mehr oder weniger intensiven BELEUCHTUNG . . ., womit das berühmte Zeitalter der Aufklärung eindeutig diese Bezeichnung verdient!

Es scheint, als bestünde darin der wichtigste philosphische Beitrag der Erfindung von Niepce, vor allem aber der photographischen Momentaufnahme, die die Chronophotographie eines Marey ermöglichen wird und später das Auftauchen dieser Technologien der Realzeit, den Verfall der drei gewohnten Zeiten zugunsten von nur zweien: die reale und die aufgezeichnete, wobei die Zukunft nunmehr in der Programmierung der Computer und der Expertensysteme der zukünftigen »Sehmaschine«[2] ihren Platz finden wird.

Um den Versuch einer Bestätigung des Auftauchens der LICHT-ZEIT zu unternehmen, sollten wir noch anmerken, daß sich die Aufnahmezeit seit der mehrere Stunden dauernden Pose aus der Anfangszeit der Photographie bis zum Erscheinen der Momentaufnahme ständig verringern wird. Das gleiche gilt für die Kinematographie, bei der die *Verkürzung der Zeit* des Bilddurchlaufs der Sequenzen (17 Bilder pro Sekunde – 24/sec – 30/sec) über einen langen Zeitraum hinweg durch die *Verlängerung des Raums* des Films und folglich der Filmvorführung kompensiert wird, und dies bis zum Aufschwung des Fernsehens. Die Verlängerung der Ausdehnung des Films wird sich hierbei mit der Verkürzung seiner Dauer verbinden, angefangen bei den Filmen der Kinematographie mit äußerst schneller Bildfolge bis hin zu den Videoclips von heute.

Seit mehr als einhundertfünfzig Jahren ist es also gerade die Beschleunigung der Zeit, die den Fortschritt der photokinematographischen Darstellungen hervorgerufen hat.

Das »Licht der Zeit« oder, wenn man es vorzieht, die Zeit der *Licht-Geschwindigkeit* hat unsere Umwelt in einem solchen Maße erhellt, daß es in unseren Augen nicht mehr wie ein einfaches »Darstellungsmittel« erscheint, das der Malerei, der Skulptur oder dem Theater ähnlich ist, sondern wie ein wirkliches »Informationsmittel«. Hieraus erklärt sich der Aufschwung der Informatik, angefangen beim Zeitalter der elektronischen Rechner bis zur Computergraphik, dieser Digitalisierung des Videosignals (wie des Radiosignals), die die »hohe Auflösung des Sehens« (und die High fidelity des Tons) fördert, bei der die einzige Maßeinheit das BIT/SEKUNDE ist, das die Menge der durch eine »Nachricht« übermittelten Informationen bezeichnet, *wobei das Bild die hochentwickeltste Form der Information bleibt.* Es soll noch daran erinnert werden, daß das wirkliche Maß der Zeit nicht, wie man im allgemeinen annimmt, die Anzahl der vergangenen Jahre, Monate oder Stunden ist, sondern gerade der Wechsel von Tag und Nacht, die Tagesordnung und ihr Fehlen . . . Selbst wenn die (astronomische oder ökonomische) Berechnung in gewisser Weise eine VORAUSSICHT ist, selbst wenn die Abrechnung der Tage der Ephemeriden oder der Kalender die Menschheitsgeschichte gekennzeichnet hat, so bleibt es doch nicht weniger wahr, daß der Schatten und das Licht am Anfang der *Information der Zeit* stehen, dem Maßstab dieser Dauer, die nicht nur quantifizierbar, sondern auch qualifizierbar ist. Mit der *Informationstheorie* von Shannon und einigen anderen können wir außerdem feststellen, daß es wohl zwei Informationstypen gibt: die *Wissens*information und die *Organisations*information.

Nun hat sich beim einen wie beim anderen Datentyp der Grad der Auflösung der Dauer unaufhörlich verbessert, angefangen bei der Sonnenuhr oder den Skalenkerzen bis zu den Minuten, den Sekunden unserer Quartzuhren.

Heutzutage jedoch ist das Maß der Zeit nicht mehr allein das der Zahlenangabe auf den Zifferblättern, es ist auch das der Bilderanzeige auf den Bildschirmen und den Kontrollmonitoren der Realzeit ... Auf die alte Bewegung des Pendels, auf die Hemmung der Uhrwerke würde also die Bewegung des Verschlusses folgen, wobei die Kameras und ihre Monitore ebensosehr »Präzisionsuhren«, Lichtuhrmodelle würden.

Auf das alte »chronometrische« Abfolgesystem: vorher, während, danach, würde also das chronoskopische System folgen: unterbelichtet, belichtet, überbelichtet.

Von nun an sollte es angemessen sein, der Zeit der Abfolge, der paradoxerweise wie eine Folge von Momenten *ohne Dauer* angesehenen Dauer – ganz so wie die als eine Folge von Punkten *ohne Dimension* aufgefaßte geometrische Linie – den Begriff der Belichtungszeit entgegenzusetzen ..., was uns dazu führen würde, die Gesamtheit der (physiologischen und technologischen) Verfahren der »Photoaufnahme« als ebenso viele *Zeitaufnahmen* zu begreifen.

Da wir somit dazu beitragen würden, den relativistischen Begriff der Zeitlichkeit »ins Licht zu setzen«, würde uns das zu einer grundlegenden Revision des Status der verschiedenen Raum- und Zeitgrößen führen, wobei sich das Lichtintervall heute gegen die klassischen Intervalle der Ausdehnung und der Zeit durchsetzt. Dem Tag der astronomischen Zeit müßte also logischerweise noch der Tag der technischen Geschwindigkeit hinzugefügt werden: vom chemischen Tag der Kerzen, dem elektrischen Tag der Lampe Edisons (der ebenfalls der Erfinder des Kinetoskops war), bis zum elektronischen Tag der Terminals, diesem Zwielicht des indirekten Lichts der Lichtgeschwindigkeit, das die Wellen verbreiten, diesen Sendern/Empfängern und anderen Sehgeneratoren der Dauer, die die

Photo-Kinematographie und die Video-Computergraphik nunmehr neben den traditionellen Uhren sind.

Genau das ist schließlich DAS INDIREKTE LICHT, das Ergebnis der Fusion von Optik und relativistischer Kinematik, eine Fusion, die in Zukunft die Gesamtheit der okularen, graphischen, photographischen und kinematographischen Darstellungen miteinander vermischt, die dann aus jedem unserer Bilder so etwas wie einen *Schatten der Zeit* macht, nicht mehr der Zeit, »die vorbeigeht«, der gewohnten Linearität der Geschichte, sondern derjenigen Zeit, die sich belichtet, die zur Oberfläche wird, wie wir sagen ...

Die Zeit der photographischen Entwicklung von Niepce, die *Zeit der* kinematographischen *Auflösung* der Bewegung der Brüder Lumière, vor allem aber die *Zeit der hohen* video-computergraphischen *Auflösung* einer Darstellung der Erscheinungen in »Realzeit«, die sogar die Brauchbarkeit der passiven Optik (der geometrischen Optik) zugunsten einer aktiven Optik zerstört, die die Möglichkeit besitzt, den Untergang der direkten Transparenz der Materie zum übermäßigen Vorteil einer indirekten (elektro-optischen) Transparenz des Lichts hervorzurufen, oder noch genauer: des Lichts der Lichtgeschwindigkeit.

So ist nach der Atomspaltung des *Raums der Materie*, die zu der bekannten politischen Situation führte, die Spaltung der *Zeit des Lichts* gekommen. Sie wird sehr wahrscheinlich zu einer ebenso bedeutsamen kulturellen Veränderung führen, eine solche nämlich, bei der die Tiefe der Zeit sich endgültig gegen die von der Renaissance ererbte Tiefe des perspektivischen Raums durchsetzen wird.

»Es gibt keine Entfernung mehr. Man ist den Dingen so nah, daß sie uns überhaupt nicht mehr betreffen«, schrieb Joseph Roth im Jahre 1927.[3]

Der Einfluß dieser Feststellung auf die Gestaltung des Raumes ist zweifellos beträchtlich: Da, wo es einzig darum ging, die Umwelt zu *gestalten*, um unsere körperlichen Aktivitäten darin einzuordnen, geht es nun darum, eben diese Umwelt mit Hilfe der Techniken der *realzeitlichen* Interaktivität zu *kontrollieren* . . .

Und tatsächlich handelt es sich um eine Umkehrung der klassischen architektonischen Gestaltung: Anstatt in den Wohnräumen unterschiedliche häusliche Funktionen zu verteilen, denen der Bewohner im Verlauf seiner Fortbewegung *nacheinander* begegnet, faßt man sämtliche Aktivitäten an einem Punkt zusammen, konzentriert sie mit Hilfe der Fernbedienung, um den Benutzer an der Fortbewegung zu hindern . . . »Sich an auseinanderliegenden Orten versammeln«, das Paradox der Bildschirmarbeit wird mit der interaktiven Wohnung zu einer »Zusammenfassung an einem Punkt dessen, was weit auseinander liegt«. Dieser Punkt, oder besser: dieses Zentrum der Bewegungslosigkeit ist offensichtlich der Benutzer, der Bewohner dieser Orte absoluter Bequemlichkeit, die nichts mehr mit der klassischen Aufgabenverteilung der üblichen häuslichen Einrichtung zu tun haben.

Das ZENTRUM DER INTENSIVEN ZEIT des Lebewesens wird also zum Organisationszentrum der Wohnung. Die »Mitte« der gegenwärtigen Zeit des Bewohners wird zum Nachteil einer beliebigen räumlichen Konzentration die maßgebliche Mitte der Wohnung; die *Aufteilung in aufeinanderfolgende Zimmer* tritt plötzlich vor der Kontrolle der Simultaneität zurück, dem Auftauchen einer zentralen REGIE, dem Gehäuse der Fernbedienung, oder besser: vor der Stimme des Besitzers der Örtlichkeit, wenn das System so weit entwickelt ist, daß es auf die Stimme seines Herrn antwortet . . .

Etwa wie im Raum – die von Ludwig Boltzmann beschriebene siderale Umgebung –, in dem die Gegenwart des sich im schwerelosen Zustand befindlichen Lebewesens der einzige zeitliche Bezugspunkt wird, der die Zukunft und die Vergangenheit ersetzt. Sie wird aber auch, vergessen wir es nicht, der einzige bewegungslose Bezugspunkt in der Umweltkontrolle der intelligenten Wohnung, da sich der SELBST-BEZUG gegen alle äußeren Bezugspunkte durchsetzt, das Endogene über das Exogene herrscht . . .

Hieraus erklärt sich das, was einige bestimmt als einen verstärkten Individualismus bezeichnen werden, während es sich in Wahrheit lediglich um einen Transfer handelt, ein »Transferakzidens« der Raumzeit des menschlichen Domizils: von der »Extensivität«, bei der die äußeren Bezugspunkte (Masse, Ausdehnung, Klima usw.) vorherrschend waren, zur »Intensivität«, bei der allein der Selbstbezug eines *hier und jetzt präsenten Wesens* herrscht; augenblicklich aus der Ferne auf die Umgebung Einfluß auszuüben, setzt sich plötzlich gegen das übliche kommunikative Handeln durch.

Die (thermische, Licht- . . .) »Energie beherrschen« oder »von der Energie beherrscht zu werden«, wird also ein grausames Dilemma für den Benutzer, vor allem aber für den Gestalter, den für den Synchronismus oder den Diachronismus des Raums und der Zeit der spezifisch menschlichen Handlung verantwortlichen Architekten.

»Dieses Haus ist mein eigener Körper geworden, und sein Schrecken mein eigenes Herz«, rief der Architekt Varelli in dem Film *L'Inferno* von Dario Argento aus . . . Wenn die Umgebung der Realzeit, die INTENSIVE GEGENWART des Benutzers sich tatsächlich endgültig gegen die Umgebung des Realraums durchsetzt, dann erfährt die Architektur eine beunruhigende Regression. Da, wo die Tiefe des Raums früher dazu beitrug, die Wohnung dank der Verteilung der Dielen, der Flure und der Treppen vom Boden bis an die Decke zweckmäßig zu organisieren, desorganisiert und löst die »Tiefe der Zeit« (der Realzeit der Augenblicklichkeit und der Allgegenwart) diese zweckmäßige Organisation auf. Man vollzieht plötzlich den Übergang von der Ordnung der *Sukzession* zur Unordnung der *Simultaneität* ... In eben dieser Ordnung tritt die Zeit der Abfolge auch zurück vor der der Belichtung. Selbst wenn die allgemeine Volumetrie des Gebäudes unverändert bleibt, um den Körper des Bewohners beherbergen zu können, so verliert sie dennoch ihre ergonomische Grundlage, ihre organische Beziehung zur Handlung, zu den notwendigen Bewegungen und den spezifisch menschlichen Freizeitgestaltungen; die praktische Effizienz der intelligenten Wohnung gründet in der ALLGEGENWART und der ALLSICHTBARKEIT eines Bewohners, der noch nicht einmal bei sich zu Hause sein muß, um die Funktion der unterschiedlichen Geräte, die sich dort befinden, in Gang zu setzen, denn es reicht, sein Haus telefonisch anzuwählen, damit es auf alle seine Wünsche eingeht.

Schenken wir dem letzten Schrei dieser häuslichen Interaktivität unsere Aufmerksamkeit:

»Thomson möchte Ihnen SECURSAN vorstellen, ein aus der Ferne programmierbares und ansprechbares, durch Computer gesteuertes System, das es ermöglicht, die wichtigsten der häuslichen Aufgaben zu automatisieren und zu kontrollieren und dabei gleichzeitig die Wohnung und die Bewohner zu schützen, ein System, bei dem die grundlegenden Erfahrungen hinsichtlich Komfort und Sicherheit miteinander kombiniert wurden. Eine elektronische Zentrale verarbeitet die Informationen, die ihr die Peripheriegeräte liefern. Während der mit einer Fernbedienung ausgestattete Besitzer herzlich empfangen wird und ihn sein Zuhause mit einer synthetischen Stimme willkommen heißt, löst der unerwünschte Eindringling im Gegensatz dazu die Sirenen aus, er schaltet unfreiwillig das Licht an, und die Zentrale verständigt in der Zwischenzeit die Polizei.«

In diese allgemeine Überwachungszentrale ist eine Verwaltungszentrale für die häuslichen Funktionen integriert. Dank dieser Verwaltungszentrale kann die betreffende Person auf einen einfachen Telefonanruf hin sowohl die Heizung als auch die Beleuchtung oder die Gartensprenkleranlage in Gang setzen. In dieser Produktwerbung wird noch auf folgendes hingewiesen: »Diese Standardausrüstung kann jederzeit durch neue Funktionen ergänzt werden. (...) Besonders wenn SECURSAN Pannen oder größere Schäden (Wasserleitungsbrüche, Gasleitungsbrüche usw.) aufspürt, *kann es sich auch als ein ausgezeichneter Krankenpfleger erweisen.*«[4]

Erinnern wir abschließend daran, daß dieser Servo-Motor der Wohnung kabellos und auf hohen Frequenzen funktioniert.

Wenn Ausdehnung und Entfernung die Leistungsstärke nicht mehr beschränken, dann ist das präsente Wesen nicht mehr so sehr hier und jetzt, es ist POTENTIELL. »Potentiell«, das heißt IN ABSOLUTER GESCHWINDIGKEIT.

Demzufolge stoßen wir erneut auf das unlösbare Problem, das sich dem Architekten und dem Urbanisten stellt, nämlich das der paradoxen ALLGEMEINEN ANKUNFT (Realzeit), die nunmehr die SPEZIELLE ANKUNFT (Realraum) der physischen Fortbewegung von einem Punkt zum anderen ablöst.

Selbst wenn diese Art von Bewegung, von Weg, ganz offensichtlich eine der Konstanten der volumetrischen Gestaltung des bebauten Raums bleibt, so verliert dieser doch tatsächlich zunehmend seine gewohnte Notwendigkeit zugunsten einer reinen Umweltkontrolle.

Schon im 19. Jahrhundert hatte die Entwicklung der Aufzüge in den Hochhäusern und der Rolltreppe oder des »Rollsteigs« in den Städten dazu beigetragen, den Zugang zur Höhe oder zur Ausdehnung zu *relativieren*, wobei diese unterschiedlichen Prothesen der physischen Fortbewegung die *Immobilie* um das ergänzt, was die Eisenbahn, die Untergrundbahn oder das Automobil bereits im Bereich der *Mobilie* verwirklicht hatten.

Heute hingegen kehrt sich die Situation um, denn jetzt, am Ende des 20. Jahrhunderts folgt auf die berühmte MOBILISIERUNG DER öffentlichen und privaten TRANSPORTMITTEL die IMMOBILISIERUNG DER ÜBERTRAGUNGEN, diese häusliche Bewegungslosigkeit, die von einigen bereits als KOKONISIERUNG bezeichnet wird.

So wie der »pressierte Mensch« von Paul Morand sich nicht mehr mit Dingen befassen konnte, die zu viel Zeit in Anspruch nahmen, so schließt sich der von der zeitgenössischen Umwelt »gestreßte Mensch« ein, und dies nicht nur bei sich zu Hause, sondern *in sich selbst*. Wie ein Gehbehinderter, so konzentriert sich ein Realzeitbehinderter, ein Bewohner dieser ENDOGENEN ZONEN, nicht nur aus Egoismus oder Individualismus auf sein EGO, sondern wegen der grausamen Forderung der Zeitordnung seiner Tätigkeit, oder eher: die seiner Interaktion mit einer »menschlichen Umgebung«, die in dem Maße kein Ort mehr ist, in dem seine wesentliche Tätigkeit zeitlich ist. [5]

Nachdem er Opfer eines schweren Verkehrsunfalls geworden war, erklärte mir ein polnischer Architekt, daß er genau in dem Augenblick, in dem der Autobus auf sein Taxi auffuhr, den Eindruck einer *sphärischen Projektion* hatte; die Umwelt stürzte auf ihn wie in einem dreidimensionalen Film . . . So wie ein Magnet die Metalle anzieht, so hatte der Körper meines Freundes plötzlich den ihn umgebenden Raum, Gebäude, Schaufenster, Autos auf sich gezogen . . ., bis hin zur krankhaften Neugierde der Passanten, als er aus der Bewußtlosigkeit erwachte.

Sich im Zentrum zu befinden, ist immer eine Prüfung; Gegenstand der Erwartung und der Aufmerksamkeit eines Publikums zu sein, verursacht Lampenfieber, die krampfhafte Beschleunigung des Herzschlags beim Schauspieler, das ist bekannt, dennoch ist diese Situation die Ausnahme und betrifft nur einige wenige Momente im Leben; es handelt sich noch nicht um eine normale Situation. Die *Bühne* der Umweltkontrolle aber existiert fortwährend, sie betrifft jeden Augenblick des Lebens, den ganzen Tag und die ganze Nacht.

Im Zentrum des technischen Dispositivs, das es ihm ermöglicht, seine Wohnung zu »steuern«, befindet sich der Bewohner der interaktiven Orte in der Position eines Autofahrers inmitten der städtischen Verkehrsstaus: Die Reflexhandlung setzt sich gegen die Überlegung durch, und der Streß verlängert seine Momente der Machtlosigkeit, die Dinge zu ändern oder vorwärtszukommen, beispielsweise wenn der Verkehrsfluß verlangsamt ist oder die Straßen verstopft sind. Die Situation, der man durch die intelligente Wohnung ausgesetzt ist, unterscheidet sich nicht hiervon: Weit davon entfernt, die Spitze des häuslichen Komforts zu bedeuten, stellt die DOMOTIK eine besondere Art von Unfall dar, der nur mit der Situation verglichen werden kann, die auf einen Verkehrsunfall folgt, die zeitweise oder dauernde Invalidität nämlich, die Lähmung, aber eine etwas besondere »Lähmung«, weil sie freiwillig ist.

Schon mit der Elektrifizierung der Städte und des Landes im Laufe der dreißiger Jahre hatte das elektrische Licht seltsame Reaktionen bei denjenigen Menschen hervorgerufen, die an die Petroleumlampe gewöhnt waren. Eine Bäuerin erklärte mir: »Das Seltsamste ist, *daß das Licht hinter mir hochschlägt*, wenn ich auf den Schalter drückte.« Daran gewöhnt, die Lampe oder die Kerzen anzuzünden und einen Leuchter zum Tisch oder zum Kamin zu tragen, betraf die technische Überraschung der Elektrizität für die Bäuerin nicht die Beleuchtung, die größere Helligkeit, sondern die Bewegung des Anzündens, die *Körpergeste derjenigen, die das Licht anzündet und trägt.*

Bei der elektronischen Umweltkontrolle handelt es sich nicht mehr um die einfache Veränderung einer gewohnten Bewegung, sondern um die der Verhaltensergonomie der gesamten Person, mit Ausnahme vielleicht derjenigen Handlungen, die die Ernährung, die Körperpflege, die Kleidung oder den Gang zur Toilette betreffen ...

Diese plötzliche Verringerung der gewohnten Bewegungen kann schließlich nur mit der Behinderung eines Gelähmten verglichen werden, der mit Prothesen wie KATALAVOX oder TETRAVOX ausgerüstet ist, mit elektronischen Prothesen, die die Stimme der betreffenden Person benutzen, hierin den Prothesen vergleichbar, die von den Kampfpiloten der F 16 oder der Mirage 2000 verwendet werden; der *übermäßig ausgerüstete Gesunde* der Flugwaffe ähnelt Zug um Zug dem *ausgerüsteten Behinderten*, dem Querschnitts- oder Arm- und Beingelähmten, der in der Lage ist, seine häusliche Umwelt dank einem Rest an körperlicher Leistungsfähigkeit zu steuern: durch den Gebrauch des Kinns, eines Teils der Zunge ... Der Blinde und der Gelähmte sind nunmehr Vorbilder dieses »Seh-Behinderten«, dieses »Bewegungs-Behinderten« der intelligenten Wohnung.

Wenn der Raum das ist, was verhindert, daß sich alles an der-

selben Stelle befindet, dann gibt es dank der Domotik keinen häuslichen Raum oder Bühnenraum mehr, sondern nur einen Raum der häuslichen Zeit, einer bestimmten Art von »Zeit«, von gewohnter Zeit, die extrem verringert wurde.

Alles, absolut alles stürzt auf den Bewohner zu, das realzeitliche Interface (die Fernbedienung) versieht den Benutzer des interaktiven Raums mit einer Art von *Datenanzug*. Anstatt über einige gewohnte tragbare Objekte – wie Uhr oder Walkman – zu verfügen, ist der Bewohner *mit der Macht versehen*, die es ihm ermöglicht, sein häusliches Umfeld zu kontrollieren.

Ein wenig so, wie das Armaturenbrett die Motorleistungen einer Maschine darstellt, löst der energetische und lokomotorische Körper des Benutzers das unwillkürliche Inbetriebsetzen der klassischen architektonischen Funktionen aus. Das architektonische Ensemble interagiert *mit dem Finger und dem Auge*, manchmal sogar bereits mit der Stimme, und das unabhängig von der Anordnung und der Verteilung der Wohnvolumen und -räume.

Die (elektromagnetische) Geschwindigkeit bestimmt die Architektur, so wie das (elektrische) Licht ihre Volumen beleuchtet. Schließlich ist der Mensch nicht mehr so sehr *in* der Architektur, es ist vielmehr die Architektur des elektronischen Systems, die in ihn eindringt, *die in ihm ist*, in seinem Willen zur Macht, seinen Reflexen, seinen kleinsten Wünschen, und das den ganzen Tag und die ganze Nacht hindurch ...

Wie kann man leben, wenn man jeden Tag eine solche Schimäre vor Augen hat? Wie kann man über eine solche Macht verfügen, über ein solches Potential, *ohne in sich selbst zusammenzubrechen*, in sein EGO, ganz in der Art dessen, was uns die Astrophysiker für die Zukunft voraussagen?

So wie ein Bumerang zu seinem Werfer zurückfliegt, so kehrt die intelligente Wohnung zu ihrer Quelle zurück:

dem *präsenten Wesen.* Die Unordnung seiner Leidenschaften und die Schroffheit seiner Reflexe organisieren allein die Raumzeit des Domizils. Wenn man die negativen Auswirkungen des Zappings auf den Aufbau eines Films kennt, dann kann man sich leicht die Schäden der Umweltkontrolle auf die Architektonik vorstellen. Wenn man sich die von wilden Autofahrern angerichteten großen Schäden ansieht, kann man sich gleichfalls die geheimen Dramen, die *Parkunfälle* der zukünftigen häuslichen Automatisierung vorstellen.

Zwar steht die »De-konstruktion« auf der Tagesordnung, aber mit Sicherheit nicht in dem Sinne, wie bestimmte zeitgenössische Architekten sie sich vorstellen: *die Dekonstruktion ist das Ergebnis des jüngsten Primats der Realzeit über den Raum*; das Ergebnis des Primats der augenblicklichen Interaktivität über die gewohnte Aktivität und das der weiter oben beschriebenen »Hindurch-Sichtbarkeit« über die Erscheinung der Dinge. [6]

Die Umwelt zu kontrollieren, das bedeutet also nicht mehr so sehr, sie zu möblieren oder zu bewohnen, sondern *bewohnt zu sein*, phygozytiert von den häuslichen Organen, von denen die Umwelt bevölkert wird ... Ein wenig wie die Klimatisierung der Luft einst die thermische Behaglichkeit der Mauern ablöste, so wird in Zukunft die Gesamtheit des Gebäudes von der Domotik klimatisiert werden; die Domotik, die nur das Leihwort der De-konstruktion des alten häuslichen Domizils ist.

Als »tele-präsentes« Wesen befindet sich der Bewohner der Orte telematischer Bequemlichkeit in der Position eines Wundertäters: der *Allsichtbarkeit* der plötzlichen Hindurch-Sichtbarkeit der Dinge fügt sich ein anderes göttliches Attribut hinzu, die *Allgegenwart* aus der Ferne, eine Art elektromagnetische Telekinese. So wird das Haus im eigentlichen Sinne des Wortes vom Geist heimgesucht, vom Machtwillen seines Bewohners, so wie dieser seinerseits ständig um sein Haus bemüht ist.

Die Macht seines Willens ersetzt die alten zu überwindenden Entfernungen, die Dimensionen des bebauten Raumes, und der Benutzer dieses unmittelbaren Domizils wird im selben Zug zum energetischen Regisseur, zum Motor einer Umwelt, unabhängig davon, wie nah oder weit sie entfernt ist. Es vollzieht sich eine Art gegenseitige Verzauberung zwischen dem Wesen und dem Ort, der ihn aufnimmt, die allein durch die Glanzleistung der Geschwindigkeit eines Radio- oder Videosignals ermöglicht wird.

Das Beispiel des Simulationshelms einer virtuellen Umwelt des Amerikaners Scott Fisher ist besonders bezeichnend für diese Umwälzung. In diesem »tragbaren Simulator« (nach dem Muster eines Motorradfahrerhelms) bildet man dank der Informatik eine vollständige virtuelle Umwelt nach (architektonisches Volumen, Steuergerät, Schaltpult und Armaturenbrett), in der der Träger augenblicklich mit Hilfe von Sensoren, die an seinen Händen (Datenhandschuh), seinen Füßen und sogar an seinem ganzen Körper (Datenanzug) angebracht sind, agieren kann. So kann der Mensch dank dem Bild von einer fiktiven Umwelt, die auf dem Bildschirm des Simulationshelms erscheint, *virtuelle Gegenstände* in die Hand nehmen oder verstellen, und dies mit Hilfe seiner *sehr wohl realen* Hände.

Die Kontrolle der realen Umwelt stellt eine analoge Situation dar: Die Entfernungen und die Zeiträume, die normalerweise die unterschiedlichen Funktionen voneinander trennen, werden dank der Eigenschaften der Domotik getilgt. Das, was bisher die Realität des Raums und die seiner Benutzung ausmachte, verschwindet. Die menschliche Nutzung qualifiziert nicht mehr den bebauten Raum, *die Fernbedienung virtualisiert die Entfernungen*: die Metrik, den Zwischenraum zwischen den Dingen . . . Um die Umweltkontrolle des interaktiven Domizils zu »verwirklichen«, muß der klassische architektonische Raum »entwirklicht« werden. So wird der Unterschied, die Unterscheidung zwischen der (von einem Programm erzeugten) *virtuellen Umwelt*, in der man mit seinem Körper agiert, der mit Nervenimpulssensoren ausgerüstet ist, und der (vom Architekten erzeugten) *realen Umwelt*, in der man dank dem Zapping oder dem mündlichen Befehl *teleagiert*, klein, INFRA-KLEIN.

Zur Entwirklichung einer simulierten Umwelt, in der man *tatsächlich* agiert, wird sich in Zukunft also die *Verwirklichung* einer tatsächlich konstruierten Umwelt hinzugesellen, in der man dank der elektromagnetischen Wellen virtuell agiert.

Außerdem arbeitet Fisher für die bevorstehenden Forschungsmissionen zum Mars an einem *ferngesteuerten Roboter*, der über die neuesten interaktiven Technologien verfügt. *Auf der Erde* mit seinem Datenanzug und einem Helm ausgerüstet, der das Bild vom Marsboden direkt überträgt, kann ein im *Sitz* der NASA befindlicher *Mensch das Gerät, das sich einige Lichtjahre entfernt auf dem roten Planeten befindet, fernsteuern.*

Der Video-Blick des Roboters wird sein eigener sein, die steuerbaren Arme des Gerätes werden seine sein, und wenn der Roboter sich vorsichtig auf dem heißen Boden des Mars fortbewegt, dann werden es die Füße seines menschlichen Fernsteuerers sein, die ihm ein Vorwärtskommen ermöglichen.

Der im buchstäblichen Wortsinn von seinem Führer *besessene* Roboter von Scott Fisher wird das DOUBLE des menschlichen Manipulators sein, der ihn aus der Ferne steuert . . . Der Boden des weit entfernten Planeten wird nicht mehr von Menschen niedergetreten, als der der nahen Wohnung es von den Schritten eines Bewohners wird, der sich noch nicht einmal fortbewegen muß, um zu agieren.

Angesichts dieses maßlosen Ineinandergreifens von Aktion und Teleaktion, von Präsenz und entfernter Telepräsenz vermischen sich die Intensität der Übertragungssignale der Maschinen und die Intensität der Nervenimpulse, um mit der Ausdehnung des sideralen oder territorialen Raumes diejenige des tierischen Körpers auszulöschen ... Der *energetische Körper* wird auf die Maschine übertragen, oder genauer: die Bewegungsbefehle werden von einem »Körper« auf einen anderen übertragen, von einem Gerät auf ein anderes, *ohne jeglichen Kontakt mit irgendeiner Oberfläche*: das Interface »Mensch–Maschine« eliminiert so einen nach dem anderen alle physischen Träger, auf diese Weise eine dauernde SCHWERELOSIGKEIT zwischen dem Lebewesen und dem Ort verwirklichend; die berühmte REALZEIT trägt dazu bei, mit dem realen Raum zugleich die Gesamtheit der Körper, die sich in ihm befinden, zu vernichten, und das zugunsten einer zweifelhaften umfassenden Virtualisierung der Ausdehnung und der Dauer.

Vergessen wir aber nicht, daß der Nachteil dieser Schwerelosigkeit in der räumlichen und zeitlichen Desorientierung besteht, in der brutalen Dekonstruktion der realen Umwelt. Wenn »oben« und »unten« sowie »Zukunft« und »Vergangenheit« äquivalent werden, dann gibt diese plötzliche Reversibilität dem *Körper als Zentrum*, als Zentrum der ihn umgebenden Welt, den ersten Platz zurück.

Demzufolge bewegen wir uns auf die Kontrolle eines EGO-ZENTRIERTEN (introvertierten) Raumes zu, und nicht mehr wie früher auf die Gestaltung eines EXO-ZENTRIERTEN (extrovertierten) Raumes. Wenn der Selbst-Bezug des Individuums auf den klassischen Bezug auf eine beliebige

»Horizontlinie« folgt, dann bezieht sich das Lebewesen nun nur noch auf seine eigene Gewichtsmasse, auf seine einzige Polarität.

»Das Koma ist ein Zustand, bei dem die Beziehung zur Außenwelt verlorengeht«, erklärt der Leiter der Reanimationsabteilung im Krankenhaus »Henri Mondor« von Créteil. »Nach einem dreiminütigen Ausbleiben der Sauerstoffversorgung des Gehirns kommt es zu irreversiblen Schäden, die bis zum Gehirntod oder zum dauernden Koma führen können. In anderen Fällen sind nur die höheren Funktionen, wie Gedächtnis, Sprache, motorisches Zentrum betroffen, wohingegen die vitalen Funktionen aufrechterhalten bleiben: es handelt sich dann um einen vegetativen Zustand.«

Die häusliche Interaktivität, d. h. der zunehmende Verlust der Beziehung zur äußeren Umwelt, ist also wohl eine *technische Form des Komas*.

Ein »Koma« jedoch, das nicht zu diesem todesgleichen Zustand, diesem dauernden Koma führt, das die zuständigen Institutionen vor so große Probleme stellt, sondern es führt lediglich zu diesem »vegetativen Zustand« der häuslichen Bewegungslosigkeit der DOMOTIK, ein insgesamt »bewohnbares Koma«, das im Gegensatz steht zum »bewohnbaren Verkehr« des traditionellen Gebäudes.

Bereits die Begeisterung der Amerikaner für die *Sinnesentzugskammer* am Ende der siebziger Jahre und die nur allzu bekannte *Camera silenta* der deutschen Zuchthäuser haben auf diese Entwicklung des Niederschlags des Gefängnissystems auf den Körper des Individuums hingedeutet, indem sie weniger – wie von einigen behauptet – das Aufkommen eines Polizeistaates oder den Aufstieg des Individualismus veranschaulichten als vielmehr die plötzliche Auflösung der Persönlichkeit, die Veränderung der reinen Zeit: Die Intensität der Empfindungen setzt sich gegen die Extensität der augenblicklichen Handlung durch, wobei bestimmte strafrechtliche oder pathologische Situationen die Verallgemeinerung eines solchen Verhaltens ahnen lassen.

»Sie wollen nicht sterben, sie wollen tot sein«, erklärte seinerzeit ein englischer Psychiater ...

Heute hat sich die Situation noch einmal radikal gewandelt und ruft noch beunruhigendere symptomatische Reaktionen hervor: »Wir wollten so lange wie möglich intensiv leben, wobei wir wußten, daß es nur ein Ende geben würde: den Tod«, erklärte die Weggefährtin von Norbert Tallet nach einer langen Serie von mehr oder weniger willkürlichen Überfällen im Januar 1989 dem Untersuchungsrichter von Libourne.

Dieser Transfer, oder genauer: dieses TRANSFERAKZIDENS von einer extensiven reinen Zeit auf eine intensive reine Zeit veranschaulicht die neue und letzte Gestalt des Todes: Er ist nicht mehr der große Schlaf, die Bewußtlosigkeit, sondern die Entfaltung, der Übergang an die Grenze der menschlichen Macht. Ein wenig so, wie der »Anstieg zu den Extremen« nach Clausewitz den Massenkrieg kennzeichnet, kennzeichnet nunmehr »der Machtanstieg« den Zivilfrieden einer Massengesellschaft, in der die AUGENBLICKLICHE KOMMUTATION (und die Droge) großen Schaden anrichtet.

Diese plötzliche Veränderung der reinen Zeit führt unsere Gattung unmerklich zu einer dramatischen Zerstörung der physischen Umwelt, aber auch zu einer Dekonstruktion des häuslichen Raums, bei dem die Verlockung, der Mythos des *absoluten Schutzes* plötzlich eine greifbare Wirklichkeit wird, denn es wäre nicht nur unnütz, das Haus zu *verlassen*, um zur Arbeit zu gehen, sich zu vergnügen oder seine Einkäufe zu erledigen, sondern es wäre gleichfalls überflüssig, *einzutreten*, da die intelligente Wohnung über keinerlei Öffnung, keine Eingangstür verfügen würde. Die Wohnung wäre zu einer Art von Haube geworden, die den beweglichen Körper abdeckt, so wie die Wanne eines Sarkophags oder die Kabine eines Flugzeugrumpfes den Körper einer Mumie oder eines Piloten beherbergt, oder eher bekleidet, gleichgültig . . .

Die Kontrolle der nahen oder weit entfernten Umwelt führt unsere Gesellschaften also in Richtung auf die Verwirklichung einer letzten Mischtechnologie, deren ergonomischer Archetypus der *Sitz* wäre, der THRON, der die Fähigkeit besitzt, sich in ein Bett zu verwandeln, in eine Sänfte für Bettlägrige.

In den *außer-vehikularen Aktivitäten* des amerikanischen Raumfahrtschiffes kann man im übrigen die gleiche Verschiebung des Gravitationszentrums erblicken: vom Körper des Astronauten zu seinem Sitz, diesen durch Gasstrahlen angetriebenen Sitz, der die natürliche Bewegungsfähigkeit des Menschen ersetzt, sobald dieser das Raumschiff verläßt, um sich in der Schwerelosigkeit fortzubewegen.

Bewegen wir uns mit dem der »Realzeit« der Interaktivität zugestandenen Primat über den realen Raum der gewohnten Aktivitäten auf innerhäusliche Aktivitäten zu, die auf der guten alten Erde denjenigen Aktivitäten analog sind, welche die sich in großer Umlaufbahn um die Erde bewegenden Astronauten ausführen? Das ist unglücklicherweise wahrscheinlich, denn die *allgemeine Ankunft* der Daten und Bilder versetzt uns letztlich in den gleichen Zustand der Bewegungslosigkeit. Eine häusliche Bewegungslosigkeit, die unsere Beziehung zur Welt grundlegend verändern wird, unser Verhältnis zur REALEN Umwelt, mag diese nun irdisch oder außerirdisch sein.

Es besteht kein Zweifel daran, daß der Untergang der

speziellen Ankunft, die im Akt des Aufstehens oder Abreisens noch eine physische Fortbewegung von oben nach unten, im Akt der Reise eine Bewegung von der Nähe in die Ferne erforderte, daß dieser Untergang für die Menschheit eine genauso grundlegende Veränderung bedeutet wie das Erscheinen des *Aufrechtstehens*. Nur, daß es sich nicht mehr um eine »positive Evolution« hin zu einer neuen Art von Beweglichkeit handelt, sondern gerade um eine »negative verhaltensbezogene Involution«, die die Gattung zu einer pathologischen Unbeweglichkeit führt: das Aufkommen eines *sitzenden Menschen*, oder schlimmer noch, eines *liegenden Menschen*.

5
Rasender Stillstand

> Haltet die Erde an, ich steige hinab.
>
> *Jean Laude*

Gibt es ein privilegiertes Hier? Ja, die absolut kinästhetische Null, meinte Husserl in einem Werk aus den dreißiger Jahren.[1] Der kinästhetische Raum sei also ein System möglicher Orte als *Anhaltspunkt*, Anfang und Ende des Ruhezustandes. Diese in der kinästhetischen Unbeweglichkeit gründende ursprüngliche Welt, fährt er fort, sei eine fest um meinen körperlichen Leib oder um den in ihm gründenden *Nullpunkt* ausgerichtete Welt. Auch wenn die Bewegung ins Spiel kommt, so bleibt es doch so, daß es mir scheint, als sei alles da seiende Weltliche um meinen Körper herum ausgerichtet, der sich im Ruhezustand befindet; nach hier und da, links und rechts ausgerichtet, während eine feste Null der Orientierung als sogenanntes Hier verharrt.

Weiter unten, in einer Fußnote, fragt Husserl dennoch nach diesem »absoluten Null« der Bewegung:

Die liegende Stellung – berücksichtigt man, daß sie die gemütlichste ist – müßte die NULLSTELLUNG sein, man muß also die Tatsache ins Auge fassen, daß die normale Null ein Problem darstellt ... und das ist das Mindeste, was man hierzu sagen kann! Dieses mahnende Werk – eines der letzten des deutschen Phänomenologen – veranschaulicht den seinerzeit vollzogenen jähen Bruch zwischen Physik und Philosophie. Vom antiken Geozentrismus zum Husserlschen Egozentrismus vollzieht sich eine Veränderung: die vom Erdzentrum, der Bezugsachse der Menschen der Antike, zu diesem Zentrum des ANWESEND-LEBENDEN, von dem Boltzmann bereits im Jahre 1897 sagte, daß er den absoluten Selbstbezug bedeuten würde.

In dem Augenblick, in dem sich die Technologien »zum Ansturm auf die Welt« (Heidegger) entwickeln, verkündet der alte Meister seine Ablehnung all dessen, was diese Erschütterung darstellt. Die berühmte EUROPÄISCHE KRISIS ist immer nur das Notsignal eines Gelehrten angesichts der totalen Mobilisationsmaschine, die von Ernst Jünger herbeigewünscht wurde.

Wie steht es heute mit diesem phänomenologischen Standpunkt über die grundlegende Unbeweglichkeit: *die Welt als Proto-Fundament des Sinns?* [2]

Seltsamerweise wird die Intuition des Philosophen wieder aktuell, allerdings mit einer wichtigen Variante versehen, denn die hier beschriebene »polare Bewegungslosigkeit« besitzt weniger ursprünglichen als vielmehr abschließenden Charakter ...

Am Anfang des totalen Krieges ist die bekannte Welt tatsächlich noch eine einsame Welt, der einzige MUNDUS der menschlichen Erfahrung. Der »Null-Punkt«, die von Husserl bezeichnete Unbeweglichkeit, unterscheidet sich nicht im geringsten von der AXIS MUNDI des galileischen Zeitalters, und man wird noch einmal fünfunddreißig Jahre lang warten müssen – bis zum 21. Juli 1969 nämlich, das heißt, um genau zu sein, bis zur Mondlandung –, bis der Bezugsboden seine Bedeutung verliert und *ein Zwischenboden* wird. [3]

Lassen wir Husserl nochmals zu Wort kommen: Die Erde selbst in der ursprünglichen Vorstellungsform bewege sich nicht und befinde sich auch nicht im Ruhezustand, denn Bewegungen und Ruhezustände erlangen zuerst im Verhältnis zu ihr Sinn. Und etwas weiter heißt es: Solange ich keine Vorstellung eines *neuen Bodens* als solchen besitze, von dem ausgehend die Erde in ihrem verbundenen und kreisenden Lauf noch so lange einen Sinn als sich bewegender und ruhender kompakter Körper haben kann, wie ich nicht eine Vorstellung eines Austauschs der Böden und somit eine Darstellung des Körper-Werdens der beiden Böden erhalte, so lange noch ist die Erde wohl ein Boden und ein Körper. *Die Erde bewegt sich nicht.*

Genau das ist es aber, was die Logistik der totalen Mobilisation revolutionieren wird, »revolutionieren« im kopernikanischen Verständnis des Wortes. Die Suche der deutschen Raketen von Peenemünde wird schließlich zur Vernichtung des Bezugs zum Boden führen: die Axis Mundi verliert endgültig ihren Absolutheitswert. Die »Null-Höhe«, diese vom Piloten bei Beendigung der Mondlandemanöver von Apollo XI ausgesprochenen Worte, deuten darauf hin, daß genau in diesem Augenblick die Höhe eine einfache »Entfernung« geworden ist und daß es nun einen anderen Boden gibt, einen HOCHGELEGENEN BODEN. Im Laufe dieses Jahres 1969 wird es gleichgültig werden, ob man eine Insel von irgendeinem Ufer aus betrachtet oder ob man den Mond betrachtet. Der verflüchtigte Himmel, die Landung des Menschen auf einem anderen Planeten stellte uns auf den Balkon über der Leere, die äußerste Grenze wurde plötzlich ein sideraler Küstenstrich . . .

Diese überwältigende Bedeutung aber, die den Grenzen zuerkannt wurde, war ihrerseits mit einer Enteignung vergleichbar, da der ERDE genannte Himmelskörper von nun an weniger Interesse hervorrief als das zeitliche und räumliche Intervall, das die beiden Himmelskörper voneinander trennte. Dieser große Umsturz löste in der Tat gleichzeitig eine Darstellungsordnung der Welt und eine Gebrauchsordnung auf. Das Ereignis bestand weniger in der Übertragung der Fernsehbilder aus mehr als 300 000

Kilometer Entfernung von der Erde als vielmehr *im gleichzeitigen Sehen eines Mondes auf dem Fernsehbildschirm und durch das Fenster hindurch.* [4]

An diesem Tag fand der verzweifelte Versuch des »Umsturzes der kopernikanischen Doktrin« von Husserl seinen Abschluß. Wie der Kosmologe Stephen Hawking sehr viel später erklären wird: »Seither ist die Wissenschaft so technisch geworden, daß die Philosophen nicht in der Lage waren zu verstehen, und die Theologen verstehen nicht genug von der Wissenschaft, um ihr zu widersprechen. Sie wollen nicht mehr in die gleiche Position kommen, in der sich die Kirche zur Zeit Galileis befunden hat.« [5]

Soweit zu den Fakten im Jahre 1989, das gleichzeitig den zwanzigsten Jahrestag der Mondlandung und die erste Übersetzung ins Französische des Textes aus dem Husserl-Archiv von Louvain erlebte. Vergessen wir dennoch nicht die Aktualität der phänomenologischen Suche nach dem Ursprung der Körperlichkeit und der Räumlichkeit der Natur, vor allem bezüglich der EGO-ZENTRIERUNG des Menschen. Der Verlust des Bezugs zum ursprünglichen Boden als »absolutem Boden« hat zur zweifelhaften Konsequenz, diese phänomenologische Zentrierung auf den »eigenen Körper« zurückzuverweisen auf die Körperlichkeit des ANWESEND-LEBENDEN, den Boltzmann, man wird sich daran erinnern, in seinem Brief an Zermelo erwähnte ... »Ich befinde mich nicht in Bewegung; ob ich stillstehe oder ob ich gehe, *mein Leib ist das Zentrum*, und der ruhende und bewegliche Körper umgeben mich gänzlich und ich habe einen bewegungslosen Boden.« Selbst wenn die Pointe dieses Satzes von Husserl nunmehr überholt ist, das, was vorausgeht, behält seine Gültigkeit und verstärkt sich unaufhörlich: Der Verlust der territorialen Exo-Zentrierung entwickelt und vergrößert die verhaltensbezogene Ego-Zentrierung des Menschen, nicht nur »im luftleeren Raum«, sondern hier unten, auf eben dieser Erde, dem Archetypus einer jeden körperlichen Räumlichkeit, verlorene Arche der Bewegungserfahrung ... Das ist sie wohl also, die DEZENTRALISIERUNG, die Dekonstruktion nicht nur der Gestaltung des Territoriums und der Architektur, sondern der menschlichen Erfahrung.

Höchster Egotismus, ein EGOZENTRISMUS, der mächtiger ist als alle ANTHROPOMORPHISMEN und GEOZENTRISMEN, die früher die Geschichte und die Geographie formten und von denen uns zu befreien Kopernikus, Galilei und Kepler vergeblich versucht haben. Wo kann der phänomenologische Bezugspunkt, die absolute Singularität, sobald man den Schöpfer, den Ersten Grund eliminiert hat, anders eingeordnet werden, als im Inneren des Tunnels der astrophysikalischen Wissenschaft, dem BIG BANG? ... oder im tiefsten Inneren dieses »Anwesend-Lebenden«, nach Boltzmann, Husserl und einigen anderen dem Maß aller Dinge ...

Der deutsche Philosoph setzt uns aber dennoch von der Maßlosigkeit seines Unternehmens in Kenntnis. Eine Maßlosigkeit, die, vergessen wir das nicht, der Maßlosigkeit einer technischen Wissenschaft die Stirn bietet, die am Anfang des totalen Krieges geboren wurde: Man wird das übertrieben finden, ganz einfach verrückt, jeder wissenschaftlichen Erkenntnis widersprechend ..., selbst wenn man in unserem Versuch die unglaublichste philosophische Hybris erkennen kann, so werden wir nicht vor den Konsequenzen unserer Erläuterung der Notwendigkeiten einer jeden Sinngebung *für das Seiende und für die Welt* zurückschrecken. [6]

Etwas weiter, bezüglich der Legitimation dieser Wissenschaft ohne Bewußtsein, stellt Husserl noch fest, und das, erinnern wir daran, im Jahre 1934: Wir seien genaugenommen am großen Problem des rechtmäßigen Sinns einer universellen und rein physischen Wissenschaft der »Natur« angelangt. Einer astronomisch-physikalischen Wissenschaft, die sich gemäß dem Verständnis unserer Physik des modernen Zeitalters in der astronomischen Unendlichkeit aufhält, und an der Problemstellung einer Wissenschaft der inneren Unendlichkeit, der Unendlichkeit des Kontinuums der Materie, sich zu atomisieren – der Atomphysik. In diesen Wissenschaften der Unendlichkeit der Totalität der Natur nimmt man gewöhnlich an, daß der Leib nichts anderes sei als zufällig singularisierte Körper, von denen man sich also vorstellen könnte, daß sie völlig beseitigt werden könnten und daß folglich eine Natur ohne Organismen, ohne Tiere, ohne Menschen möglich ist. [7] Einige Jahre später wird es Auschwitz sein, dann Hiroshima und Nagasaki, und sehr viel später die Landung auf dem Mond, der dank der Auswirkungen dieser universellen Wissenschaft, die der alte Meister angeprangert hatte, erobert werden konnte . . .

Als Verlust der ursprünglichen Ausdehnung hat der Verfall der Husserlschen ALMA MATER, ausgehend von der Aneignung des Mondbodens, seinerseits den Verfall der Dauer zur Folge; den Verfall der Zeit der bestehenden Welt, die nach Ansicht des Phänomenologen nicht von der psychologischen Zeit unterschieden werden kann:

Das Ego sei und gehe jedem tatsächlichen und möglichen Seienden voraus. Die Zeit der bestehenden Welt enthält sehr wohl die psychologische Zeit. [8]

Den Boden zu verlieren, das bedeutet wohl auch, »seine Zeit zu verlieren«; zumindest das Verhältnis, die Beziehung dieser Zeit einer geschrumpften Welt zur Zeit, oder eher: zur konstitutiven Dauer der Psychologie. Der Verlust des *Bezugsbodens* hat, wie es Boltzmann treffend formulierte, seinerseits einen ebenso bedeutenden Verfall bezüglich der *Bezugszeit* zur Folge.

Die körperliche EGO-ZENTRIERUNG, die heute den von der Aneignung eines *hochgelegenen Bodens* ausgehenden Verlust der »Erde« genannten ursprünglichen Arche überlebt, wird nun begleitet von einer zeitlichen EGO-ZENTRIERUNG, bei der die Zeit, die psychologische Dauer, sich endgültig gegen die Dauer der bestehenden Welt durchsetzt.

Für den überzeugten Phänomenologen ist der Verlust der »irdischen Entfernung« deshalb nicht so sehr die Folge des Motors oder der Leistungsstärke dieser Sender, die die Ausdehnung, die Entfernungen der wahrnehmbaren Welt, auf eine nichtige Größe reduzieren, sondern vor allem die des *Aufkommens einer beherrschenden psychologischen Zeit.* Mischung der Relativität des Lebenden (des Anwesend-Lebenden) und der Relativität seiner technischen Vektoren, die die Niederlage der bestehenden Welt vollenden, die Dezentrierung des lebenden Wesens.

Wenn man älter wird, schrumpft und verkleinert sich alles das, was einem als Kind unermeßlich und überproportional groß erschien; alles wird plötzlich eng, befindet sich in Reichweite . . ., gleiches gilt leider für die beschränkte und schließlich aufgelöste territoriale Ausdehnung. Trotz der Versprechungen der Ökologie wird die Erde bald die Gesamtheit ihrer Ressourcen erschöpft haben, und die erste von ihnen ist hierin mit eingeschlossen, die Bestimmung nämlich der Erde als Maßstab der menschlichen Aktivitäten.

Die Geschwindigkeit ist gerade das Alter der Welt.

Dieser Welt der körperlichen und räumlichen Erfahrung. Eine Erde, oder eher: ein ursprünglicher Boden, der aufs äußerste zerbrechlich wird, ganz in der Art dieser unheilbaren Atrophien, die auf die organische Senilität zurückzuführen sind . . .

Die immer kleineren und eingeengteren Berge und Meere werden nicht so sehr durch das Wegwerfen von schädlichen Erzeugnissen verschmutzt als vielmehr durch die von Husserl angeprangerte Schädlichkeit dieser Technik, die vorgeblich aus der katholischen, universellen Wissenschaft hervorgegangen ist, die nacheinander jeden äußeren Bezug auslöscht, jede unserer *äußeren Bezugspunkte*, den Bezug auf irgendeinen »Schöpfer« hierin eingeschlossen, und das zugunsten einer absoluten Singularität, eine andere Bezeichnung für den *Zufall der Zufälle*, d. h. für die Entstehung der Zeit. Dieser ubiquitäre Wille, alles zu beobachten und, warum nicht, die Erzeugung einer ersten Zeit[9] *in Aufzeichnung zu sehen*, läßt besser als irgendein philosophischer Diskurs über »die Erfindung der Zeit« diesen Willen zur Macht der universellen Wissenschaft erkennen. Eine Wille, der nicht so sehr darin besteht, die Schöpfung als passiver Zuschauer zu betrachten, sondern darin, als mitwirkender Beteiligter die Verfahrensweise für die Manipulation der Zeit, für die Kontrolle der Dauer herauszufinden, so wie er es in der Vergangenheit für die physische Ausdehnung der Materie oder die Intensität der Helligkeit des Lichts tat. Um schließlich den Traum der Träume der Demiurgen zu verwirklichen: einen Ersatz für die Dauer ohne Dauer zu erzeugen, eine geschickte Erzeugung der Zeit, einer Zeitlichkeitsform, die den üblichen Zwängen entgehen würde.

Ausgehend von Null hätten wir es mit einem Richtungsbündel zu tun, bei dem das Problem der »Nullstellung« aber aufzuklären bleibt.[10] Dieser Satz von Edmund Husserl, der sich auf die Stellung des Seins in der Welt bezieht, hat seit seiner Niederschrift eine Verschiebung durch die Astrophysik erfahren: vom Zentrum des Ego zum Zentrum der NULL-ZEIT der Kosmologie. Die Fragen, die sich die Phänomenologen und die Metaphysiker stellten, diese

Fragen stellen sich nunmehr dem Physiker und dem Astrophysiker.

»Wie steht es mit der ersten Minute des Universums? Wie mit der Intensität einer Dauer ohne Dauer, einer Nullzeit?«, diese Fragen folgten nach dem Zweiten Weltkrieg auf die übliche philosophische Frage: »Wie steht es mit dem Bewußtsein des Augenblicks? Wie mit der Intensität des Seins hier?«

Diese Verschiebung weist deutlich auf eine Vernichtung der Philosophie hin. Ganz so wie es am Anfang dieses Jahrhunderts ein Logistiker bezüglich der militärischen Bewegungen erläuterte: »Je größer die Mobilität wird, um so größer wird die Kontrolle.« Je größer die Geschwindigkeit der Bewegung wird, um so absoluter, allgegenwärtiger wird tatsächlich die Kontrolle. In dem Maße, in dem die Geschwindigkeit steigt und die »Kontrolle« die Umwelt abzulösen sucht, ersetzt die Realzeit der Interaktivität endgültig den realen Raum der körperlichen Aktivität . . .

Die Geschwindigkeit ist also gerade das Alter der realen Umwelt des Menschen, das vorzeitige Altern dieser bestehenden und die objektive Realität konstituierenden Welt, von der Husserl sprach.

Nicht nur das endgültige Altern dieser »ursprünglichen« Städte und Landschaften, sondern auch das der Gesamtheit der ökologischen Ausdehnung, die insgesamt »Erde« genannt wird, oder, wenn man es vorzieht, das Altern des ursprünglichen Bodens.

Das fortschreitende Verschwinden des anthropologisch-geographischen Bezugsraums zugunsten einer einfachen *Seh-Steuerung*, einer zentralen Regie dieser unaufhörlichen »Lastentransfers«, die bald den Horizont der menschlichen Erfahrung verändert haben werden; dieser Sachverhalt wird durch den als Motto zitierten Satz von Wernher von Braun: »In Zukunft wird es genauso wichtig sein, den

Weltraum kennenzulernen, wie ein Auto fahren zu lernen« auf vorzügliche Art und Weise veranschaulicht.

Mit einer Veränderung allerdings; denn der Raum, von dem der Techniker aus Peenemünde spricht, ist nicht mehr der *volle Raum* der ersten Arche, sondern gerade der *leere Raum* eines außerirdischen Vehikels; die letzte Arche, die die »Raumzeit« der üblichen Erfahrung der Orte ersetzt durch die des Nicht-Ortes der »Raum-Geschwindigkeit« der Technik.

So ist die Geschwindigkeit gerade das »Transferakzidens«, das vorzeitige Altern der bestehenden Welt. Mitgerissen von der ungeheuren Gewalt der Geschwindigkeit, bewegen wir uns nirgendwohin, wir geben uns mit der Aufgabe des LEBENDIGEN zugunsten der LEERE der Geschwindigkeit zufrieden. In Zukunft wird es, daran besteht kein Zweifel mehr, mit jeder menschlichen Aktivität sein wie in einem Rennvehikel, bei dem der Fahrer zunächst die Beschleunigung beherrschen, die Maschine in der Spur halten muß und die Einzelheiten des ihn umgebenden Raums nicht mehr beachtet; unabhängig davon, ob wir uns DAHEIM oder auf der REISE befinden, wird es für uns nicht mehr darum gehen, die Landschaft zu bewundern, sondern einzig darum, ihre Bildschirme, ihre Skalen, die Steuerung ihrer interaktiven Bahn zu überwachen, das heißt die einer Bahn *ohne* Bahn, eines Zeitraums *ohne* Zeitraum.

Alles, was sich bislang in der Gestaltung der unmittelbaren Umgebung des realen Raumes der Stadt oder des Landes abspielte, wird sich in Zukunft allein in der Organisation der Kontrolle der Leitfähigkeit der Bilder und der realzeitlichen Information abspielen. Den Realraum zu gestalten, um die Umwelt zu kontrollieren, das war seit dem Ursprung des STADT-STAATES und der feudalen Erfassung des Territoriums das erklärte Ziel jeder Geopolitik; und das bis zur endgültigen Vollendung der STAATS-NA-

TION. In Zukunft wird die Kontrolle der Umwelt dazu beitragen, eine wirkliche Chrono-Politik, was sage ich, eine DROMO-POLITIK zu verwirklichen, bei der die Nation zugunsten einer sozialen Entregulierung und einer transpolitischen Dekonstruktion verschwinden wird: Die Fernbedienung wird zunehmend nicht nur die Führung, das unmittelbare Gebot ersetzen, sondern vor allem sowohl die Ethik (die Zehn Gebote) als auch bereits den Ansatz der Einrichtung dieser berühmten »Ethik-Kommissionen« im Bereich vor allem der Genetik und bald auch, daran besteht kein Zweifel, in anderen ökologischen, ökonomischen oder strategischen Bereichen.

In puncto Verschmutzung der Atmosphäre und Ozon»loch« gibt es seit kurzem vor allem ein Loch in der Erde, *der Planet hat ein Leck*. Nicht wie ein kosmischer Bolide, der sich mit 30 km/s fortbewegt, sondern wie ein Ballon, ein Luftballon, aus dem die Luft sehr schnell entweicht . . . Seitdem man uns immer wieder sagt, daß die Entfernungen sich verringern und daß unser Erdball sich unaufhörlich verkleinert, wäre es dringend notwendig, die Schlüsse daraus zu ziehen!

An der Schwelle zu den sechziger Jahren erklärte General Chassin: »Der Tatsache, daß die Erde rund ist, wurde von den Militärs niemals Rechnung getragen.« Was läßt sich von den »Zivilisten« sagen? Allerdings ist die Frage falsch gestellt. Das Problem ist weniger die Rundheit des Planeten als vielmehr der Übergang zur Grenze, die baldige Vernichtung jeder territorialen Bewertung, die endgültige Entwertung der geophysikalischen Umwelt.

Kann man sich den Verlust der Ausdehnung und der Dauer, die für die Bezugsachse des Körpers konstitutiv sind, überhaupt auch nur vorstellen? Kann das Vergessen des Ortes, aller Orte ernsthaft ins Auge gefaßt werden? Und dies zum alleinigen Vorteil der verhaltensbezogenen Egozentrierung als einziger Polarität des Seins? Eines Seins, das weniger »in der Welt« ist als in sich? Nur schwer, wird man behaupten, ohne dabei zu bemerken, daß sich eine große Anzahl von uns hier und da, in der Geschäftswelt, in der Kunst oder im Krieg bereits darin übt. Lassen wir den Designer Alessandro Mendini zu Wort kommen: »Der Mensch ist selbst ein Ensemble von Geräten. Wenn ich mich auf die Erde setze, bin ich ein Stuhl. Wenn ich gehe, bin ich ein Transportmittel. Wenn ich singe, bin ich wie ein Musikinstrument. Der Körper ist das erste Ensemble der den Menschen zur Verfügung stehenden Objekte, während die Werkzeuge künstliche Erweiterungen, ungeheure Prothesen sind ... Der Primitive, der Nomade, der Autostopper verdichten in sich selbst ihre Werkzeuge, sind identisch mit ihrem eigenen Haus. *Sie sind ein Haus, sie sind eine Architektur.*« Sicher, all das ist seit Leroy-Gourhan bekannt, allerdings ist die Frage immer noch nicht richtig gestellt, denn das, was sich in uns konzentriert, das sind nicht mehr nur die »Geräte«, sondern es ist die »Umwelt«. Was *in Realzeit* mit uns identisch ist, sind also nicht mehr irgendein Haus oder irgendeine Architektur, sondern die ÖKUMENE, die Gesamtheit der bewohnten Erde. »Ich war alles, und alles ist nichts«, erklärte der Stoiker Marc Aurel ... Wird man nunmehr sagen müssen: »Ich bin die Erde, ich bin der Mensch-Planet«? Es fällt schwer, dies gelten zu lassen, aber es verhält sich so.

Glaubt man, daß das berühmte *program trading* der Finanzplätze London und New York, das gemeinhin als BIG BANG bezeichnet wird, nur die Ökonomie der Erde, nur die automatische Notierung der Börsenwerte betrifft? Welch ein Irrtum! Die Implosion der Realzeit bedingt von nun an die Gesamtheit des Austauschs, und die Erfahrung des von der Computertechnik verursachten Börsenkrachs im Jahre 1987 ist nur das Vorzeichen für andere ökonomische Katastrophen, vor allem aber ist sie das Vorzeichen für die Vielzahl der dramatischen Brüche im Bereich des sozialen Austauschs und der sozialen Kommunikation. Je größer die Zirkulationsgeschwindigkeit der Information wird, um so stärker wächst in der Tat die Kontrolle des Tauschs und des Austauschs an und strebt danach, sich zu verabsolutieren. *Die Allgegenwart der Kontrolle zielt darauf ab, aus ihr das Substitut der Umwelt des Menschen zu machen*, seine ERDE, seine alleinige UMGEBUNG.

Alles, was sich in der Gestaltung des territorialen Körpers abspielte, wird sich nunmehr nicht mehr nur wie früher in der Organisation des sozialen Körpers abspielen, sondern in der Kontrolle des tierischen Körpers, dieses menschlichen Wesens, das weniger *in der Welt* als *in sich* ist. Hieraus erklärt sich auch die Zerbrechlichkeit dieses »Selbstbewußtseins«, das durch die Technologien eher von neuen Verantwortlichkeiten heimgesucht als mit ihnen betraut wird.

Der Egotismus eines Lebewesens, das durch die Fähigkeiten seiner Umgebung gewissermaßen bewegungslos gemacht wurde, hat in der Tat nichts mit dem Lebewesen des philosophischen »Personalismus« gemeinsam, sondern vielmehr mit dem Gebrechen, der Behinderung derjenigen, die man als MEHRFACH-BEHINDERTE *bezeichnet*.

Auf die Frage: »Was beängstigt Sie wirklich?«, antwortete eine junge, aus den Medien bekannte Person vor kurzem: »Daß alles statisch wird. Daß die Maschine anhält . . ., deshalb nehme ich niemals mehr als zehn Tage Urlaub. Mich erschreckt die Unbeweglichkeit.« Dieses Gefühl entspricht demjenigen eines Autofahrers, der einen Motorstillstand fürchtet; der durch Kraftstoffmangel hervorgerufene Motorstillstand läßt die Hypertension unserer

Zeitgenossen zum Vorschein kommen; wobei jeder von ihnen leicht die pathologische Unbeweglichkeit erahnen kann, die ihn eines Tages unabwendbar ereilen wird, nicht nur die aus dem Altern, die aus dem Verlust der Reflexe resultierende Sklerose, sondern die, die sich der verhaltensbezogenen Bewegungslosigkeit verdankt, dem Verfall der Tiefe des Feldes seiner unmittelbaren Aktivitäten.

Es sei denn ... ja, es sei denn, man nimmt die Fatalität, das unheilvolle Wesen dieser Leichenstarre gänzlich auf sich, so wie Howard Hughes, der Bettlägrige im Hotel *Desert Inn* in Las Vegas. Als architektonische Mischung zwischen der Kabine eines Vehikels und dem Raststättengebäude veranschaulicht das Hotelzimmer heute besser als irgendeine andere häusliche Umwelt die Entwicklung der menschlichen Wohnverhältnisse: keine »Rezeption« mehr, sondern eine Maschine, die mit der Kreditkarte dialogisiert. Kein Hotelier mehr, sondern ein Zugangscode, der alle vierundzwanzig Stunden automatisch ungültig wird. Keine Zimmer mehr, sondern »Boxen« von neun oder sogar sechs Quadratmetern. Kein Zimmermädchen mehr, sondern Reinigungsgesellschaften. Manchmal sogar, wie im Falle des Hauses der Hotelkette COCOON, das sich in der Nähe des Flughafens Roissy befindet, noch nicht einmal mehr Fenster, wobei die Zellen einzig durch ein inneres Klimatisationsnetz belüftet werden. Hierbei hat offensichtlich das Parkplatzsystem als Modell gedient, denn die *menschliche Aufbewahrung* eines Reisenden unterscheidet sich nicht mehr so sehr von der für sein mitgebrachtes Gepäck.

Die Evidenz ist die Ursache für das Vergessen des Fragens. Die ursprüngliche Evidenz ist Postulat geworden. (Husserl)

Wenn die Relativität des Sichtbaren eine gemeinschaftliche Evidenz ist, dann tatsächlich deshalb, weil die Evidenz des Impliziten diejenige des Expliziten abgelöst hat. Seinen Augen nicht mehr zu trauen, ist eine Fatalität geworden ..., der Verlust des perspektivischen Glaubens verlängert und entwickelt den im Zeitalter der Aufklärung angelegten Verlust des religiösen Glaubens ins Unendliche. Wenn, wie Nietzsche behaupten wird, »Gott tot ist«, dann deshalb, weil die Allmacht des Sehens (Theos) für immer erloschen ist. Das *absolute* Sehen des Göttlichen (Schöpfer) und das *relative* Sehen des Menschen (Beobachter) werden beide in den Verfall hineingerissen, in die endgültige Blindheit.

Als im Verlauf der sechziger Jahre in den Vereinigten Staaten die Ökologie auftauchte – bezeichnenderweise zur Zeit der Mondlandung –, erschien sie lediglich als die *Wissenschaft einer* als menschliche Umgebung, als privilegierter, grenzenloser MUNDUS des Menschen *für immer verlorenen Welt*. Ausgebeutet, von überall her bedroht, ist unser Planet schon nichts anderes mehr als ein Residuum, ein aufs dringlichste zu bewahrendes »Reservat«; die sogenannte Revolution der Umwelt ist niemals etwas anderes als die Ankündigung einer vergangenen Welt, vergangen als BIOSPHÄRE der Gattung, weniger zugunsten einer industriellen TECHNOSPHÄRE als zugunsten einer das menschliche KONTINUUM vernichtenden DROMOSPHÄRE, die Husserl an der Schwelle zur allgemeinen Mobilisierung anprangerte.[11]

Wenn uns heute noch bestimmte Physiker, wie etwa Stephen Hawking, der Newton-Lehrstuhlinhaber an der Universität von Cambridge, erklären: »Wenn wir die Quantenmechanik mit der allgemeinen Relativitätstheorie verbinden, so scheint sich eine neue Möglichkeit zu eröffnen: *Raum und Zeit können zusammen einen endlichen*, vierdimensionalen *Raum* ohne Singularitäten und Grenzen *bilden*, ähnlich wie die *Oberfläche der Erde*, nur mit mehr Dimensionen«[12], dann überträgt er das Modell der verlorenen Erdkugel, dieser in sich selbst geschlossenen Erdsphäre, auf das gesamte Universum und läßt somit nochmals den alten astronomischen Geozentrismus erkennen.

Lassen wir ihn weiter zu Wort kommen:

»Die Grenzbedingung des Universums ist, daß es keine Grenze hat. Das Universum wäre völlig in sich abgeschlossen und keinerlei äußeren Einflüssen unterworfen. Es wäre weder erschaffen noch zerstörbar. *Es würde einfach* SEIN.«[13]

Der Transfer ist somit nach Stephen Hawking offenkundig, das Universum ist YAVEH, GOTT, *derjenige, der ist.* Beunruhigt über eine kosmologische Unbeweglichkeit, schreibt der Physiker allerdings weiter:

»Die Erdoberfläche ist endlich in der Ausdehnung, besitzt aber keine Grenze und keinen Rand. Wer in den Sonnenuntergang hineinsegelt, fällt von keinem Rand und trifft auf keine Singularität. (Ich muß es wissen, weil ich die Erde schon umrundet habe!)«[14]

Wenn man Hawking Glauben schenkt, dann besteht der einzige wesentliche Unterschied zwischen der alten Astronomie und seiner eigenen in der Frage der Dimensionen, anders gesagt, im Wesen des Maßes . . ., bei dem Physiker ist letztlich *Gott Dimension*, oder genauer: DIE DIMENSION IST GOTT.

Sicher ist das Universum endlich, aber es ist »ohne Rand«; für Hawking liegt alles in diesem rein topologischen Paradox. Schenken wir seiner Beschreibung des post-einsteinschen Kosmos unsere Aufmerksamkeit:

»Legt man die Keine-Grenzen-These zugrunde, so zeigt sich, daß man die Wahrscheinlichkeit der meisten möglichen Geschichten des Universums vernachlässigen kann, daß es aber eine bestimmte Familie von Geschichten gibt, die wahrscheinlicher sind als die anderen. *Diese Geschichten kann man sich vorstellen wie die Oberfläche der Erde*, wobei der

Abstand vom Nordpol der imaginären Zeit entspricht und die Größe eines Kreises mit gleichbleibendem Abstand vom Nordpol die räumliche Ausdehnung des Universums angibt.

Das Universum beginnt als ein einziger Punkt am Nordpol. Je weiter man sich südlich bewegt, desto größer werden die Breitenkreise mit gleichbleibendem Abstand zum Nordpol, *die der Ausdehnung des Universums mit der imaginären Zeit entsprechen.* Am Äquator würde das Universum seine maximale Größe erreichen und sich mit fortschreitender imaginärer Zeit am Südpol wieder zu seinem einzigen Punkt zusammenziehen. Obwohl die Größe des Universums am Nord- und am Südpol Null wäre, wären diese Punkte keine Singularitäten, genauso wenig wie der Nord- und der Südpol der Erde singulär sind.«[15] Man wird es verstanden haben, wenn *die Erde sich* mit dem Philosophen Husserl *nicht bewegt*, dann *schwillt* sie mit dem Philosophen Hawking *an, sie bläht sich auf*, sie will dicker werden als das Rind der Fabel . . .

Hören wir die folgenden Ausführungen, die die entscheidende Frage des Pfeils der astrophysischen Zeit betreffen: »Die Geschichte der Erde *in der wirklichen Zeit* würde jedoch ganz anders aussehen. Vor ungefähr zehn bis zwanzig Milliarden Jahren hätten sie eine maximale Größe gehabt, was dem maximalen Radius der Geschichte in der imaginären Zeit entspricht. Zu einem späteren Zeitpunkt würde sich das Universum ausdehnen, wie es Linde im chaotischen inflatorischen Modell vorschlägt. (. . .) Das Universum würde sich enorm ausdehnen und sich schließlich wieder zu einem Zustand zusammenziehen, der in der realen Zeit wie eine Singularität aussähe. (. . .)

Nur wenn wir das Universum unter dem Blickwinkel der imaginären Zeit darstellen könnten, gäbe es keine Singularitäten.« Und etwas weiter heißt es noch: »Wenn wir jedoch in die reale

Zeit zurückkehren, in der wir leben, scheint es noch immer Singularitäten zu geben (. . .). Das könnte zu der Vermutung führen, die sogenannte imaginäre Zeit sei in Wirklichkeit die reale und das, was wir die reale Zeit nennen, nur ein Produkt unserer Einbildungskraft.«[16]

Wie in anderen technischen Bereichen bemerkt man hier die Verdoppelung der Dauer: Realzeit und imaginäre Zeit für den Astrophysiker, *Realzeit* und *aufgezeichnete Zeit* für den Elektronikspezialisten der augenblicklichen Telekommunikationen . . ., wobei die traditionelle Dreiteilung: Vergangenheit, Gegenwart, Zukunft zunehmend ihre Brauchbarkeit verliert.

Und dann nennt Hawking uns den Grund hierfür: »Bei dem Versuch, die Gravitation mit der Quantenmechanik zu vereinen, mußte das Konzept der »imaginären« Zeit eingeführt werden. *Diese läßt sich von den Richtungen im Raum nicht unterscheiden.*« Die Sphäre ist also nicht mehr die der festen Erde, die der von Husserl beschriebenen »vollen Welt«, sondern einzig die *Sphäre der Bahnen* einer »leeren«, einer substanzlosen Welt.

Die »imaginäre« Zeit ist es nicht weniger als der hier als reine RICHTUNG, reine DIMENSION beschriebene Raum . . . Wenn der Kosmologe außerdem erklärt, daß das, was wir die »imaginäre Zeit« nennen, vielleicht nichts anderes ist als die Realzeit und daß das, was wir die Realzeit nennen, lediglich eine Form unserer Einbildung ist, dann läßt er die gegenwärtige Unsicherheit über das *Realitäts*prinzip der Begriffe von Raum und Zeit erkennen: Wir haben es nicht mehr so sehr mit der raumzeitlichen Einheit eines (Einsteinschen) Kontinuums, sondern mit der Umkehrbarkeit des einen oder anderen Begriffs zu tun, sobald man diese ketzerischen Begriffe der imaginären Zeit und der virtuellen Geschwindigkeit für die dem Kosmos seine Gestalt verleihenden Bahnen akzeptiert.

Die Frage der antiken Denker: »Bewegt sich die Erde? Oder bleibt sie die Achse, die Nabe der kosmischen Realität?« ist also seit kurzem durch die Frage nach dem »Zeitpfeil« und durch die nach der Anwesenheit oder Abwesenheit einer ursprünglichen Singularität, die BIG BANG genannt wird, ergänzt worden.

Die Analogie mit der präkopernikanischen Unbeweglichkeit ist offenkundig, allerdings besteht insofern ein Unterschied, als sich die URSPRÜNGLICHE ZEIT gegen den URSPRÜNGLICHEN RAUM durchsetzt und als die ideale Sphärizität nicht mehr die des Erdballs ist, sondern die einer *virtuellen Sphäre*, die anschwillt und sich in alle Richtungen (entsprechend allen möglichen Bahnen) aufbläht, während die reale Sphäre der vollen Welt kläglich zusammenschrumpft und sich verkleinert, wobei sie gemeinsam mit ihren Dimensionen ihren substantiellen Wert verliert.

Hier stößt die ÖKOLOGIE an ihre eigene Grenze, ihre theoretische Enge, indem sie auf eine Annäherung an die Formen der Zeitlichkeit verzichtet, die mit den Ökosystemen verbunden sind, insbesondere diejenigen, die von der industriellen Technosphäre herrühren. Als Wissenschaft der endlichen Welt verzichtet die Wissenschaft von der irdischen Umwelt anscheinend freiwillig auf ihre Beziehung zur »psychologischen Zeit«. Nach dem Muster dieser von Husserl angeprangerten universellen Wissenschaft untersucht die Ökologie nicht wirklich den Dialog »Mensch/Maschine«, die enge Wechselbeziehung zwischen verschiedenen Wahrnehmungssystemen, und die menschlichen Handlungen. Mit einem Wort, die ökologische Disziplin führt sich den Einfluß der Zeit-Maschine auf die Umwelt nicht deutlich genug zu Bewußtsein und überläßt diese Sorge der Ergonomie, oder sogar der Politik . . .

Immer dieselbe verheerende Verständnislosigkeit gegenüber dem relativistischen Wesen der Aktivitäten des (industriellen oder postindustriellen) Menschen. Hier kommt nunmehr die DROMOLOGIE zur Geltung. In der Tat kann sich die Ökologie genaugenommen nicht mehr entwickeln, ohne die »Ökonomie der Zeit« zu erfassen, die der Raumzeit der menschlichen Aktivitäten und ihre schnellen Veränderungen, es sei denn, man betrachtet die »Ökologie« wie die politische Verwaltung der Verluste und Gewinne der Substanzen, die die geophysische Umwelt ausmachen. Wenn es nach Charles Péguy »keine Geschichte, sondern nur *eine öffentliche Dauer*« gibt, dann müßten der Rhythmus und die Geschwindigkeit des Ereignisses der Welt nicht nur zu einer »wahren Soziologie« führen, wie es der Dichter vorschlägt, sondern unserer Meinung nach vor allem zu einer authentischen *öffentlichen Dromologie*. Vergessen wir wirklich niemals, daß die Wahrheit der Phänomene immer durch die Geschwindigkeit ihres Auftauchens begrenzt wird.

Um das Ausmaß der die Umwelt, den »öffentlichen Raum« betreffenden Veränderungen, die vor sich gehen, richtig zu beurteilen, sollten wir den in einem Artikel aus dem Jahre 1981 gemachten Ausführungen von Marvin Minsky (dem Gründer des Laboratoriums für künstliche Intelligenz, MIT) unsere Aufmerksamkeit schenken:

»Sie ziehen sich eine gemütliche Jacke an, die mit Sensoren sowie mit Motoren gefüttert ist, die die Funktionen der Muskeln übernehmen, und jede Bewegung Ihres Armes und ihrer Finger wird *an einem anderen Ort* von mobilen mechanischen Armen reproduziert. Diese leichten, beweglichen und starken Arme tragen ihre eigenen Sensoren, mit deren Hilfe Sie sehen und fühlen können, was passiert. Dank diesem Instrument können Sie in einem anderen Zimmer, in einer anderen Stadt, in einem anderen Land oder auf einem anderen Planeten ›arbeiten‹. Ihr entfernter Darsteller besitzt die Kraft eines Riesen oder die Geschicklichkeit eines Chirurgen.«

Im weiteren Verlauf seiner Ausführungen bekräftigt Minsky, daß diese TELEPRÄSENZ keine Fiktion mehr ist: »Wenn wir von nun an konsequent handeln, könnten wir im 21. Jahrhundert eine *aus der Entfernung gelenkte* Ökonomie haben.« Einige Jahre später führen die Börsen an der Wall Street und die von London das *program trading* ein, mit den bekannten Ergebnissen ... Einige Monate später entwickelte Scott Fischer die *Data-gloves* und entwarf den *Datenanzug*, der der anfänglichen Vorstellung von Marvin Minsky sehr nahe kommt.

Wenden wir uns nun der Denaturierung des für Ludwig Boltzmann so wichtigen Anwesend-Lebenden zu, der beinahe ein Jahrhundert später ein TELEPRÄSENT-LEBENDER geworden ist. Am Ende seiner Notizen über die Konstituierung des Raums schreibt Edmund Husserl:

Wenn der optische Leib im optischen Feld während jeder Körperwahrnehmung funktioniert, wenn die Kinästhese auf diese Weise im gewissermaßen körperlichen Organ (dem Auge) »heimisch geworden« ist, wie läßt sich das beschreiben? *Hat der optische Leib dann nicht seinen Platz als Körper im Raum der Körper?*, so wie die Eigenschaft, im Raum nicht in die Richtung weitergehen zu können, in der ihm ein anderer Körper den Weg versperrt? Hier herrscht das folgende Gesetz: *ein Körper kann nicht da sein, wo ein anderer Körper ist*, sie können sich nicht gegenseitig durchschreiten, sie können nicht am selben Ort ruhen.[17]

Diese offenkundig überholte Feststellung provoziert dennoch die Frage nach der notwendigen Erneuerung der Konstituierung des realen Raums vor den Prämissen der (realzeitlichen) Interaktivität und der »Präsenz« der Personen und der Dinge, wie groß auch immer die Entfernung sein mag, die sie voneinander trennt.

Wenn die Aktivitätssphäre des Menschen nicht mehr durch die Ausdehnung, die Dauer, selbst die Lichtundurchlässigkeit der Hindernisse, die seinen Weg versperren, begrenzt wird, wo ist dann tatsächlich seine Präsenz in der Welt, seine reale Präsenz anzusiedeln? Er ist mit Sicherheit tele-präsent, aber wo? Ausgehend von welchem Ort, von welcher Stellung? Hier und da zur selben Zeit anwesend-lebend: *Wo bin ich, wenn ich überall bin?* Meine »Präsenz« wird also ebenso aleatorisch wie die dieser gespenstischen Elementarteilchen, von denen äußerstenfalls entweder die Position oder die Geschwindigkeit bekannt sein kann, niemals aber beides gleichzeitig. Das Prinzip der Unbestimmbarkeit findet nunmehr auf die Realität des »Subjekts« wie die des »Objekts« der Erfahrung Anwendung, und der Frage der PROPRIOZEPTION kommt wieder entscheidende Bedeutung zu.

Am Ende eines früheren Werkes schrieb ich: »Man kann sich eine Gesellschaft, die den Körper leugnet, wie man in zunehmendem Maße die Seele geleugnet hat, nur schwer vorstellen, doch gerade auf eine solche Gesellschaft treiben wir zu.«[18]

Diese Schwierigkeit scheint heute teilweise gelöst zu sein durch die neuen Techniken der augenblicklichen Interaktivität. Dem weit Entfernten viel näher als unseren unmittelbaren Nachbarn, lösen wir uns in zunehmendem Maße von uns selbst. Nicht nur der volle Körper der Erde verliert und verflüchtigt sich in unseren Augen, sondern unser eigener Körper verblaßt seinerseits, wobei er uns als »Körperbehinderte« zurückläßt, mit einer Körperbehinderung, die nicht ihresgleichen hat; denn die Behinderung der Lähmung (oder des Autismus) beläßt uns noch mit einer beträchtlichen Gewichtsmasse *auf der Stelle*, während der Verlust des vollen Körpers des Lebewesens uns in die Leere führt, eine »Leere«, die nichts mit derjenigen des *realen* Raums (dem Intervall) gemeinsam hat, denn in diesem Falle handelt es sich um die Leere einer *virtuellen*

Umwelt, einer Raumzeit, deren Telekommunikationstechniken der Ursprung und das Ende zugleich sind.

Wenn die vehikularen Techniken (Ballon, Flugzeug, Rakete usw.) uns in zunehmendem Maße vom vollen Körper der Erde, der vorrangigen Bezugsachse jeder menschlichen Mobilität haben abheben lassen, um sie uns schließlich anläßlich der Mondlandung vor zwanzig Jahren verlieren zu lassen, dann verbannen uns die *extravehikularen* Techniken der augenblicklichen Interaktivität aus uns selbst und lassen uns den letzten psychologischen Bezugspunkt verlieren: denjenigen dieser Gewichtsmasse des beweglichen Körpers, der Achse, oder genauer, des Sitzes des verhaltensbezogenen Bewegungsvermögens und der Identität.

»*Ich werde von einem Schauspieler gespielt, er ist im Inneren meiner Augen, er berührt mit meinen Händen*«, erklärt die einzige Person der *Komischen Tragödie*, die im Pariser Theater »Bouffes du Nord« im Frühjahr 1989 gespielt wurde, dem Publikum ... In dieser Ein-Personen-Show veranschaulicht der Schauspieler Yves Hunstad auf wunderbare Weise das Paradox dieser Telepräsenz, die es ermöglicht, auf die Art, wie sie Marvin Minsky vor acht Jahren empfahl, dem Hindernis, der Lichtundurchlässigkeit eines beliebigen Partners auszuweichen.

Das Paradox des Schauspielers dreht sich demnach um wie ein Handschuh (DATA GLOVE), die *Figur* ist nicht mehr auf der Suche nach irgendeinem *Autor*, sondern auf der nach einem Schauspieler, bei dem er schmarotzen, vollkommen phagozytieren kann. Auf dem Mond sitzend, die Erde absuchend nach einem Schauspieler, um »*gespielt zu werden*«, faßt die »Figur« am Anfang des Stückes von der Höhe ihrer Position am Rand des Gestirns ein unschuldiges Kind ins

Auge: dieses Kind wird ihr »Schauspieler« sein. Das Weitere kann man sich leicht vorstellen, um so mehr deshalb, weil die Figur uns unaufhörlich dazu einlädt.

Virtuelle Umwelt, virtuelle Präsenz, imaginäre Zeit ... die Parallele mit den interaktiven Technologien ist klar, so, als kehrten diese aus dem »Operationstheater« des Krieges hervorgegangenen Technologien immer wieder über den Umweg der Entwicklung der Fernbedienung und der zivilen Teleüberwachung zu diesem Ursprung zurück. Lassen wir aber Yves Hunstad zu Wort kommen, wenn er von seinem Beruf spricht:

»Der Schauspieler, der ständig mehrere Rollen gestaltet, die mit dem Leben in Beziehung stehen, besitzt eine *geschwächte Persönlichkeit*; er wirft sich mit Haut und Haar in ein anderes Skelett, ein anderes Gehirn. Das ermöglicht es ihm, weiter zu gehen, kühner zu sein.«

Man bewegt sich nicht mehr so sehr im Raum außerhalb der Bühne voran, sondern man geht auf der Bühne *in sich* weiter; man bewegt sich auf der Stelle weiter in der Unbeweglichkeit irgendeiner Theater- oder städtischen Bühne weiter, wobei die Telepräsenz aus der Entfernung es ermöglicht, der Einzigartigkeit des Anwesend-Lebenden zu entgehen, um irgend jemand, irgend etwas, irgendwo zu werden ..., um unterschiedslos MIKROSKOP ODER TELESKOP zu werden, das Phänomen einer aktiven Optik, oder eher, einer *schauspielerischen* Optik zu werden und somit bejahend auf die von Husserl gestellte Frage zu antworten, an die man sich erinnern wird: Hat der optische Leib als Körper seinen Platz nicht im Raum der Körper?

Vergessen wir jedoch nicht den Titel dieser Geschichte: *Die komische Tragödie*, eine Vermischung des Tragischen und der Komödie für ein einziges, äußerst geschwächtes Wesen, den Schauspieler als optischen Körper, für irgendein Sehen, mag es der Substitution, dem erbärmlichen Wunder der Theater- oder interaktiven Bühne auch noch so wenig Beachtung schenken. In der Stadt entstanden und folglich bedingt durch ein Phänomen des Seßhaftmachens, hatte die Theateraufführung immer zum obersten Ziel, den Zuschauer an der Bewegung zu hindern. Die Pracht der antiken Zirkusse und Theater läßt letztlich die *Erfindung eines allerersten statischen Vehikels* erkennen, das pathologische Seßhaftmachen eines aufmerksamen Zuschauers, der die Aufführung des optischen Leibes des sich bewegenden Schauspielers verfolgt.

Unsere »Zivilisation« hat niemals etwas anderes zu verwirklichen gewußt als eine ewige Verlängerung des ersten städtischen Seßhaftmachens. Im Gebäude der römischen Impulse fixieren, dann im automobilen Möbel der verschiedenen »Transportmittel« der europäischen Moderne fixieren; die neuesten Techniken der häuslichen Interaktivität und der Telepräsenz werden diesen Prozeß dank der kurz bevorstehenden Entwicklung eines letzten »statischen Vehikels« noch verlängern, um die Persönlichkeit eines Individuums, oder genauer, eines Subjekts, dessen einzige Bewegung diejenige des *Schauspielers auf der Bühne* ist, *für immer zu fixieren*; dieser Teleakteur, der sich nicht mehr in irgendein physisches Fortbewegungsmittel werfen wird, sondern einzig und allein in einen anderen Körper, einen optischen Körper, um weiter zu gehen, ohne sich zu bewegen, um mit anderen Augen zu sehen, mit anderen als seinen Händen zu berühren, um dort zu sein, ohne wirklich da zu sein, sich selbst fremd, Überläufer aus seinem eigenen Körper, für immer verbannt . . .

Schließlich wird das antike Theater für die AUDIOVISUALITÄT des optischen Körpers des Schauspielers das gewesen sein, was das Stadion schon für die AUTOMOBILITÄT des physischen Körpers des Athleten war: die Erfindung eines Bewegungsvermögens *auf der Stelle*, die die Mobilität *im*

Raum ersetzt; die Schauspieler bewegen ihre »Figur« in den Augen der auf den Theaterrängen sitzenden Zuschauer nur innerhalb der engen Begrenzung der Bühne fort, einer »Bühne«, die ihrerseits der orbitalen Begrenzung des Sehens Rechnung trägt ..., während man später, sehr viel später, die Neuerung des Bildschirms erwartet, dann des Terminals, der in der Realzeit den Raum einer exotischen und weit entfernten Realität zeigt, und das nach dem Vorbild einer Reise ohne Reise und einer Fortbewegung ohne Fortbewegung, so wie es bis dahin allein das Theater dank der Knechtung des Schauspielers und des Zuschauers ermöglichte, aber zunächst, wie dies der Schauspieler Yves Hunstad so gut veranschaulicht, dank der Knechtung der *Figur* und ihres *Schauspielers*.

Nach der Television werden die Teleaktion und die Telepräsenz in der Tat wieder an das Phänomen des Besitzes eines eigenen Körpers durch ein Bild, ein mentales Bild anknüpfen. Dieser alte Mythos der Verdoppelung nicht nur der schwachen Persönlichkeit des Schauspielers, sondern vor allem der Realität der für diesen augenblicklich in einer ihrerseits virtuell gewordenen geographischen Umwelt handelnden »Teleakteur« äußeren Welt ... Die philosophische Frage lautet genaugenommen nicht mehr: Wer bin ich wirklich?, sondern: Wo befinde ich mich jetzt?

Diese Vermischung des Ethischen und des Ästhetischen, des Inneren und des Äußeren wird eine letzte Bewegungslosigkeit erzeugen, *eine durch und durch relativistische Bewegungslosigkeit*, denn nicht zufrieden damit, sich nach dem Beispiel dieses Teilchens, von dem Heisenberg uns berichtet, über seine Stellung und seine Vitalität zu befragen, würde das teleagierende Wesen gleichzeitig (genau das ist die Realzeit) *unsicher* bezüglich seiner Stellung im Raum und *unbestimmt* bezüglich seines wirklichen Zeitsystems werden, wobei die ponderable Endo-Referenz des physikalischen Körpers plötzlich von der verhaltensbezogenen Exo-Referenz eines »optischen Körpers«, die sich einzig der Übertragungsgeschwindigkeit sowohl des Sehens wie der Handlung verdankt, abgelöst wird.

Wie sollte man unter diesen Bedingungen nicht die Rolle des LETZTEN VEHIKELS erahnen: aus seinem Bewohner diesen Reisenden ohne Reise, diesen Passagier ohne Passage zu machen, den letzten Fremden, Überläufer seiner selbst, gleichzeitig verbannt aus der äußeren Welt, diesem realen Raum einer geophysikalischen Ausdehnung, die auf dem Weg ist zu verschwinden, und verbannt aus der inneren Welt; diesem tierischen Körper fremd, dieser Gewichtsmasse fremd, die ebenso geschwächt ist, wie es nunmehr diejenige des territorialen Körpers des Planeten ist, der sich auf dem Weg der fortgeschrittenen Vernichtung befindet?

Das Beispiel einer neuen Höchstleistung wird diese letzten Ausführungen veranschaulichen: Im Dezember des Jahres 1986 vollbrachte eine Maschine zum erstenmal in der Geschichte der Luftfahrt *ohne Zwischenlandung* einen Flug um die Erde. VOYAGER, dies der Name der Maschine, tilgte damit den wesenhaften Unterschied zwischen dem *Satelliten* in niedriger Umlaufbahn und dem *erdumkreisenden* Flugzeug. Ein von Menschenhand gesteuertes Objekt entzog sich dem Bezugsboden.

Dieser vom Ingenieur Burt Rutan, dem Bruder des Piloten, entwickelte Prototyp eines orbitalen Flugzeugs stellte jedoch nur die erste Vorstufe für ein in einem anderen Sinne noch ambitionierteres Projekt dar: nämlich ein fliegendes Gerät zu verwirklichen, das allein durch menschliche Energie bewegt wird (nach dem Beispiel des vom Ingenieur Mac Ready konzipierten GOSSAMER ALBATROSS) und dazu in der Lage ist, *einen Menschen durch seine eigenen Mittel zu satellitisieren.*

Aus dem Menschen soll nicht mehr das Ebenbild eines Adlers gemacht werden, sondern das vollkommene Äquivalent eines Gestirns, eines Asteroiden.

Allein durch seine Kräfte soll diese Bewegungslosigkeit erreicht werden, bei der die Gewichtsmasse des menschlichen Körpers mit der eines sich im Zustand der Schwerelosigkeit befindlichen Planeten identisch wird . . .

Paul Virilio, Juli 1989

Anmerkungen

1. Das indirekte Licht

1 Die Grandes Ecoles sind die bedeutendsten, elitäre und nur in Paris existierenden Hochschulen für jeweils bestimmte Fachrichtungen.

2 Bezeichnenderweise befindet sich der Regieraum dieser elektronischen Überwachungsanlage in den Kellergeschossen des Pariser Rathauses.

3 Vgl. hierzu: Jules Romain, *La Vision extra-rétinienne et le sens paroptique*, Paris 1964.

4 Gilles Cohen-Tannoudji/Michel Spiro, *La Matière-espace-temps*, Paris 1986.

5 Eine erste Vorform dieser exzentrischen Situation erscheint im Verlauf der dreißiger Jahre mit dem Aufschwung der Werbung durch von Flugzeugen gezogene Banderolen . . .; *in den Himmel schreiben* wird danach eine gängige Praxis.

6 Der durch die elektronische Datenverarbeitung verursachte Börsenkrach an der Wall Street vom 19. Oktober 1987 gab eine erste Vorstellung von den negativen Auswirkungen dieses augenblicklichen Verbundsystems der internationalen Finanzmärkte, das gemeinhin Big Bang genannt wird.

7 Hierbei handelt es sich um den Train à grande vitesse, den französischen Hochgeschwindigkeitszug.

8 Siehe zu diesem Thema das Projekt zur DEZENTRALISIERUNG DER HAUPTSTADT EUROPAS, das ich am 14. Juli 1988 im Elysée eingebracht habe.

2. Das letzte Vehikel

1 André Malraux, Jacques Lang und Léotard waren bzw. sind jeweils französische Kulturminister, der erste unter de Gaulle, Jacques Lang in den verschiedenen sozialistischen Kabinetten unter der Präsidentschaft von F. Mitterrand und Léotard unter der Regierung des Neo-Gaullisten Chirac.

2 Cheverny und Chambord sind berühmte Schlösser an der Loire.
3 Vgl. Paul Virilio, *Der negative Horizont*, München 1989, S.34-35.
4 Die Revolution der Transportmittel im 19. Jahrhundert.
5 Vgl. Robertson, *Mémoires récréatifs d'un physicien-aéronaute*, 1831/33.
6 Marcel Jullian, *Gens de l'air* (Edition le livre contemporain) 1959.
7 S. Crossfield/C. Blair, *X 15*, 1960.
8 Paul Virilio, La Troisième Fenêtre. In: *Cahiers du cinéma*, Nr. 322, 1981.
9 Der Begriff *Ent-Isolierung* ist Bestandteil des Jargons der Gefängnisreform.
10 Der Centre National de Recherches Scientifiques ist eine in ihrer Funktion der Max-Planck-Gesellschaft vergleichbare außeruniversitäre, staatliche Forschungseinrichtung, die Fachrichtungen der unterschiedlichsten Forschungsbereiche umfaßt. (Anm. d. Ü.)
11 Bei Citroën im Jahre 1982 und bei Renault im Jahre 1986 benutzte man das Video, um die Sozialpartner während schwieriger Verhandlungen daran zu hindern, sich physisch zu begegnen.
12 *Science et vie*, Nr. 831, Dezember 1986.

3. Die kinematische Optik

1 2. Petrusbrief: Gewißheit der Wiederkunft Christi.
2 Karl Popper, *L'Univers irrésolu. Plaidoyer pour l'indéterminisme*, Paris 1984.
3 Abhaq Ashtekar, La gravitation quantique. In: *La Recherche*, November 1984.
4 Boece, von Louis O. Mink kommentiert, zitiert bei Ricoeur.
5 Die Theorie von Kaluza/Klein beispielsweise, die im quantenmechanischen Rahmen versucht, die grundlegenden Kräfte der Natur in einer Raum-Zeit mit mehr als vier Dimensionen zu vereinigen.
6 Olivier Costa de Beauregard, *La Notion de temps*, 1963.
7 Edgar Gunzig und Isabelle Stengers, Mort et résurrection de l'horloge universelle. In: *L'Art et le Temps*, Brüssel 1984.
8 Bemerken wir dennoch, daß die »evolutionistische« Konzeption sich ihrerseits weiterentwickelt hat und daß die Begriffe der kosmischen Ausdehnung und Erweiterung nicht zur Bezeichnung der DROMOSPHÄRE geeignet scheinen. Man erkennt jetzt an, »daß es die Geometrie des Universums ist, seine Metrik, die sich in der Art und Weise entwickeln, daß der Abstand zwischen zwei beliebigen Punkten sich regelmäßig mit der Zeit vergrößert, genauso, wie es die allgemeine

Relativität vorsieht«. Nicolas Prantzos/Michel Cassé: L'Avenir de l'Univers. In: *La Recherche*, Juni 1984.

9 Dominique Leglu: Quatre astronomes toulousains prouvent l'existence d'un anneau d'Einstein. In: *Libération*, 3. November 1987.

10 Das anthropische Prinzip: kein Beobachter, kein Licht.

11 So wie es Ludwig Boltzmann in seiner Erwiderung auf Zermelo im Jahre 1897 ganz klar erläutert.

12 Albert Einstein, *Über die spezielle und allgemeine Relativität*, 21. Aufl. 1969, Braunschweig, Erster Teil, S. 8.

13 Galilei, der erste *wissenschaftliche* Relativist, woraus sich sein Streit mit dem Relativismus der römischen Kirche erklärt.

14 Vgl. Paul Virilio, *La Machine de vision*, Paris 1988; deutsch: *Die Sehmaschine*, Berlin 1989, letztes Kapitel.

4. Die Umweltkontrolle

1 Maurice Merleau-Ponty, *L'Œil et l'Esprit*, Paris 1964.

2 Paul Virilio, *La Machine de vision*, Paris 1988; deutsch: *Die Sehmaschine*, Berlin 1989.

3 Joseph Roth, *Die Flucht ohne Ende*, Berlin 1927.

4 Aus einer Werbung für dieses Produkt aus dem Jahre 1989.

5 Paul Klee.

6 Paul Virilio, *L'Espace critique*, Paris 1984.

5. Rasender Stillstand

1 E. Husserl; *La terre ne se meut pas*, Paris 1989.

2 E. Husserl, *L'Origine de la géométrie*, Paris 1962.

3 Virilio, *L'Insécurité du territoire*, Paris 1976, S. 93ff.

4 Ibid.

5 Stephen W. Hawking, *A Brief History of Time: From the Big Bang to Black Holes*, New York 1988; deutsch: *Eine kurze Geschichte der Zeit. Die Suche nach der Urkraft des Universums*, Reinbek b. Hamburg 1991.

6 E. Husserl, *La terre ne se meut pas*, S. 28.

7 Ibid, S. 24.

8 Ibid, S. 28.

9 Steven Weinberg, *Les Trois Premières Minutes de l'Univers*, Paris 1978.

10 E. Husserl, *La terre ne se meut pas*, S. 43.

11 *Die Erde bewegt sich nicht* wurde 1934 verfaßt und im Jahre 1940 von Alfred Schütz in der amerikanischen Zeitschrift *Philosophy and Phenomenological Research* veröffentlicht.

12 S. Hawking, *Eine kurze Geschichte der Zeit*, a.a.O., S. 216.

13 Ibid., S. 173.

14 Ibid., S. 173.

15 Ibid., S. 175/176.

16 Ibid., S. 176/177.

17 E. Husserl, *La terre ne se meut pas*, S. 64.

18 Paul Virilio, *Der negative Horizont. Bewegung, Geschwindigkeit, Beschleunigung*, München 1989, S. 281.

03/2025